내가 말하면 모두가 고객이 된다

# 내가 말하면
# 모두가
# 고객이 된다

오다겸 지음

공감

자신의 뜻을 잘 전달하고

원하는 일을 잘 해결하고 싶은 사람이 되고 싶은가요?

그렇다면 말하기를 잘해야 합니다.


내가 말하면 모두가 고객이 됩니다.

삶도 일도 비즈니스입니다.

내가 말하지 않으면 원하는 것을 해결할 수 없습니다.

표현하지 않으면, 알지못하고

원하는 문제점을 해결할 수 없습니다.

콜센터에 전화할 때 말하기가 두렵고

어떻게 질문해야 할지 몰라서 당황한 적이 있으신가요?

거래를 할 때 말하기가 잘 안 돼서

곤란했던 적이 있으신가요?

가족과 지인들과 대화할 때 감정이 앞서서

불편한 경험을 하신 적이 있으신가요?


오해하지 않고 문제를 자유롭게

해결할 수 있어야 합니다.

우리는 태어나면서부터 삶이 시작됩니다.

삶도 일도 비즈니스입니다.

삶을 해결하고 경제 활동을 해결하기 위해

우리는 말을 해야 합니다.

고객과 소통하고 기관에 일처리를 할 때

효율적인 방법과 질문으로

원하는 것을 해결할 수 있어야 합니다.

누구나 말하는 데 있어 두려움을 느낍니다.

저는 두려움을 지혜롭게 돕고

삶에 유익하게 하고자 경험을 함께

공유하고 나누고 싶었습니다.

말하는 것, 고객과 얘기할 때 두려움,

어떻게 해야 더 관계를 향상시키고

지속적인 성장을 할 수 있을까요?


모르는 것이나 궁금한 것이 있을 때

저도 어떻게 물어봐야 할지 어떻게 말해야 할지 몰라서

실패를 겪었습니다.

그래서 고객과 접점하면서 경험한 모든 것을

나누고 싶었습니다.


말하는 방법이 잘못되어서

혹시 손해를 본 일은 없으신가요?

기회를 놓치는 일이 없으신가요?


내가 말하면 모두가 고객이 될 수 있어야 합니다.

예의 있게 배려해야 합니다.

진정성이 차별화입니다.

저는 회의만 참석하면 가슴이 떨렸습니다.

질문을 받게 되면 불안해서 가슴이 뛰었습니다.

숨이 가빠지고 얼굴이 달아올랐습니다
삶을 사는 동안 많은 문제와 두려움을
극복해야 하는 순간이 끊임없이 찾아왔고,
그때마다 포기하거나 나태해졌습니다.

이른 성취와 부족한 경험으로
제대로 알아보지 못하고 선택했던 것이
경제적 타격으로 이어졌습니다.
자존심을 내세우면서 시간이 흘렀고,
5년 전이나 지금의 상태는 변함이 없었습니다.
결단을 했습니다. 오늘의 모습은 어제의 결과입니다.
지금 내가 만족하지 않는다면 결단해야 합니다.
파산자에서 절망을 딛고
다시 시작하는 용기를 갖게 되었습니다.

내가 말하지 않으면 아무도 나의 고통을 모릅니다.
내가 말해야 원하는 것을 이룰 수 있습니다.

자신과의 장애물에서 용기를 얻는 3가지

**첫째, 결단한다.**
**둘째, 조율한다.**
**셋째, 될 때까지 한다.**


다양한 사례와 말하는 방법
그 가치를 통해서 쌍방향으로 소통하고
원하는 일을 처리하기 위한 방법이 궁금하시다면
이 책을 통해 함께 성장하기를 기대합니다.

관심사와 고민을 풀어 보기 위해
고객들이 콜센터로 문의를 합니다.
그 문의를 통해 나타나는
여러 가지 현상과 안타까운 점을 경험했습니다.
제 경험이 도움이 되었으면 합니다.
이를 통해 원하는 것을 얻고,
접점의 순간이 서로에게 유익해지면 좋겠습니다.

저처럼 말하기가 두렵고

소통을 어떻게 해야 할지 모르는 분들이

이 책을 통해서 누구나 자신 있게 말할 수 있고

내 고객으로 만드는 가치를 함께 나누고 싶습니다.

이 책을 통해 누구나 말하기가 어렵지 않고

원하는 일이 해결되는 데 활용되었으면 합니다.


지혜를 돕는 행복한 창조자로

빛나는 인생을 여시기를 기대합니다.


- 오다겸

# CONTENTS

Part 1.

## " 가는 말 오는 말 책임지는
## 1인 기업가 나 홀로 비즈니스 "

Part 2.

## " 무조건
## 해피 엔드로 끝내기 "

Part 3.

# " 내가 말하면
모두 고객이 되는 방법(아웃 콜) "

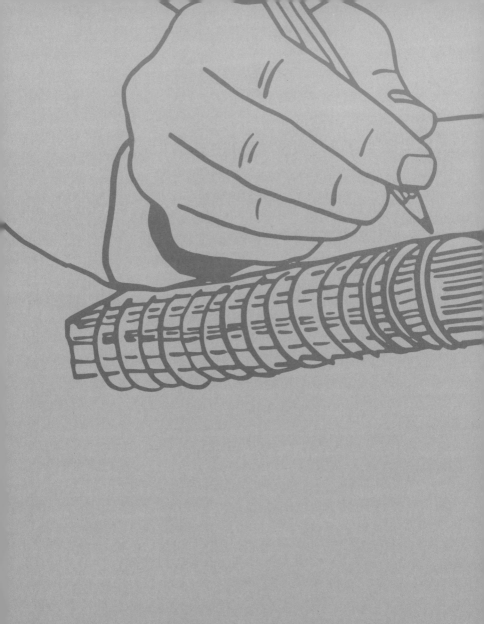

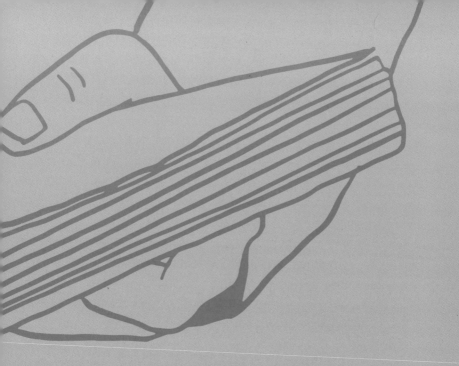

# Part 1

# 가는 말 오는 말
# 책임지는
# **1인 기업가**
# **나 홀로 비즈니스**

# 온택트 언택트는
# 콜로 뚫는다

1인 기업가입니까?

1인 기업은 나만의 차별화된 사업입니다.


'온택트 언택트는 콜로 뚫는다!'

주고받는 말, 그것이 삶의 전부입니다.

내가 파는 것이 무엇인가?

나의 말센스로 차별화를 합니다.

진정성, 진정성 더 강조해도 지나치지 않는 '진정성'이 중요합니다.

사실, 사업은 진정성 하나면 다 해결됩니다. 고객을 이해하고, 공감해 주고, 믿게 한다면 자신이 추천하는 그 어떤 상품도 통과입니다.

어려운 말을 쉽게 하고, 온몸으로 사랑합니다.

충성 고객 만들기가 가장 중요합니다. 1인 기업가는 총무, 회계, 기획, 계획, 마케팅 운영 등 모든 것을 혼자 해결해야 합니다. 고객이 필요로 하는 것 중 대기업이 할 수 없는 것을 하는 것이 '1인 기업가'입니다.

차별화는 고객이 하기 싫어하고 남이 해 주었으면 하는 틈새시장을 찾아 고객의 니즈를 잘 파악해야 합니다.

의식주를 해결하는 방법을 생각해 봅시다! 차별화가 안된 업종은 불황에 버틸 수 없습니다. 성공하는 1인 기업가가 되려면, 불황과 상관없이 단단해야 합니다. 1인 기업가가 하는 일이 남들과 다르게 차별화되어 있다면 그것으로 성공입니다. 1인 기업인 자신의 강점과 고객의 원하는 것을 찾아 독점할 수 있는 주제를 선택해야 합니다.

1인 기업가의 사업은 삶을 지속해서 성장시키는 것입니다. 삶은 살아가는 기반을 만들어 내는 곳입니다. 경제력 면에서도 버틸 수 있는 능력이나 신용이 있어야 합니다. 자기 경험, 그 일을 어떻게 다르게 했는지, 그 일을 통해 무엇을 배우고 성장했는지를 나누는 일입니다.

어떤 나눔을 하고 싶은가요?

하고자 하는 가치는 무엇인지를 알아야 하고, 사명감이 있어야 합니다. 지속적인 성장이 가능해야 하며 그 일을 통해 보람과 가치를 함께 느껴야 합니다. 시대가 원하는 니즈를 내포하고 있어야 합니다.

당신의 1인 기업은 어떤 가치를 추구하고 계신가요?

# 긍정만이
# 성공한다

    긍정은 긍정적인 마음 텃밭의 원천입니다. 다섯 가지 강점 중 첫 번째가 긍정입니다. 검사 결과를 보고 그동안 제가 초긍정적이었다는 것을 알았습니다. 긍정적으로 생각하면 부정적인 것도 긍정적인 결과가 나옵니다.

    어려서는 가난한 환경을 원망했습니다. '왜 나는 가난한 집에서 태어났을까?' 그 점이 항상 불만이었습니다. 회사에 다니는 친구 부모님이 무척 부러웠습니다. 왜 우리 부모님은 농사를 지으며 가난하고 힘들게 사는지, 육 남매를 낳아서 빠듯하게 먹고사는지 늘 마음이 안타깝고 속상했습니다. 자녀가 둘만 있는 집이 마냥 부러웠습니다.

어린 나이에도 불구하고 추운 겨울에 부모님의 일을 도왔습니다. 아니, 도운 것이 아니라 무조건 일을 해야 했습니다. 아버지는 마을에서 '몽리꾼'이라는 별명이 있을 정도로 무섭고도 성질이 고약하셨습니다. 아침밥을 먹고 나서 하루도 쉬는 날 없이 비닐하우스로 나가서 일해야 했습니다.

일이 지겨워 참지 못하는 날에는 외할머니 집에 다녀온다고 말했습니다. '외할머니 찬스'를 쓴 겁니다. 광주공항 옆, 장암 마을이 외할머니 댁이었습니다. 할머니 집에 가면 놀 친구도 없어, 혼자 긴 다리를 왔다 갔다 했습니다. 혼자서 놀아도 일하지 않고 쉴 수 있는 2박 3일이 너무 좋았습니다.

고등학교 진학 후에도 집안이 어려워 학원 청소를 하며 수업료를 면제받고, 자격증 공부를 마무리했습니다. 자격증을 따야 좋은 직장에 갈 수 있기 때문이었습니다. 힘들지만 보람된 일이었습니다. '고진감래'라는 한자 성어를 되새기면서 넓은 장판 교실을 열심히 닦았습니다. 고생 끝에 낙이 온다는 말을 믿고, 참고 견뎠습니다.

친구들이 학교 수업 마치고 올 때면 걸레질하고 있는 제 모습이 초라해 보였습니다. 사춘기 시절이라 예민했지만 저에게는 꿈이 있었기에 버티고 견딜 수 있었습니다. 한 번에 붙지는 않았지만, 자격증을 취득하면서 자신감도 생겼습니다. 원서에 증명사진을 몇 번이고 붙이면서 시험에 합격할 때까지 도전했습니다. 3급, 2급, 1급, 가장 높은 급수까지 단계별로 도전했습니다.

당시 기업체 채용 기준상 키가 160cm 이상이었습니다. 키가 작은 저에게 높은 급수 취득이 더 유리하겠다고 생각했습니다. 그때부터 차별화에 대해 깨달았습니다. 제 인생의 긍정 마인드는 어린 시절부터 시작되었고, 그로 인해 단단하게 성장했습니다. 긍정이라는 단어는 몰랐지만, 행동은 적극적으로 성장했습니다.

돌이켜 생각하니 어릴 적 결핍된 환경은 저를 더 성장하게 된 원동력이 되었습니다. 도전 정신과 될 때까지 한다는 끈기를 키우게 했습니다. 『꿈을 이루게 하는 삶의 공식』의 저자 최원교 작가는 이렇게 말했습니다.

"슈퍼 어게인! 될 때까지 한다!"

이 문장은 저에게 인생 슬로건이 되었습니다.

답답하고 답이 없을 때 무조건 긍정적으로 생각하고 행동해 보세요!

긍정적인 생각을 하면 원하는 결과를 가져옵니다. 삶의 공식입니다. 긍정은 삶을 즐겁고 행복하게 변화시켜 줍니다. 하늘을 감동하게 하고 좋은 결과를 만들어 내게 하는 원동력이 됩니다. 긍정은 지치지 않고 타인을 이롭게 하며 자신을 성장시켜 최고가 되게 합니다.

긍정적인 생각과 태도로 행복한 창조자가 됩니다.

삶의 주인공이 되어 점점 더 성장하게 됩니다.

긍정, 긍정, 초긍정적인 태도로 바꿔 보세요!

"나는 긍정적인 사람입니다."

매일 아침 확언을 하고 하루를 시작합니다. 긍정은 돈이 들지 않는 자신만의 강력한 도구입니다. 마음을 세워 선택하고, 항상 기억하고 긍정 도구로 잘 활용하기를 추천합니다. 모든 것은 마음에 달려 있습니다.

Only positivity can succeed

# 내가 믿어야
# 고객이 나를 신뢰한다

고객에게 말을 할 때, 확신을 가지고 이야기해야 합니다.
나 자신을 믿어야 고객이 신뢰합니다.

28년 동안 대기업과 공기업에서 다양한 클레임 고객을
만났습니다. 처음에는 두렵고 떨렸습니다. 전화를 빨리 끊어야
지, 라는 생각에서 벗어나 '어떻게 하면 문제가 해결되지?'에 집
중했습니다. 고객의 질문에 확신이 없는 말투와 대답은 고객이
먼저 느낍니다.

고객의 질문에 답을 할 때는 확신이 있는 어투로 당당하
게 말해야 합니다. 정리가 안 되어 자신도 이해가 안 된 채로 전

달을 하게 되면 고객은 혼란스러워하고 문제도 해결되지 않습니다.

설명이 길어지고 자신감 없는 말투로 응대하게 됩니다. 핵심을 전달할 수 없게 됩니다. 확실하고 완벽하게 이해하고, 궁금한 것은 고객에게 질문한 뒤, 정확하게 전달해야 합니다.

준비가 지연되어 약속된 시간에 고객을 응대하지 못하는 경우도 있습니다. 이럴 때는 약속을 다시 잡아서 확실한 내용으로 답변해야 합니다. 불확실한 추측에 의해 상담을 하거나 불확실한 정보를 전달하지 않습니다. 이해도 안 되고 선택의 오류가 생겨 고객에게도 피해를 줄 수 있습니다. 고객과 개인사업자에게 모두 좋지 않은 결과를 초래합니다. 문제점에 대한 확실한 답을 찾고 더 좋은 대안을 제시해서 고객에게 선택하도록 결정권을 줘야 합니다.

회사의 입장이나 상담사 개인의 편한 방법으로 안내해서는 안 됩니다. 객관적이고 합리적인 방법을 다양하게 제시해서 고객의 환경에 더 좋은 것을 선택할 수 있도록 기회를 줘야 합니다.

지인의 예를 들어 보겠습니다. 온라인으로도 해결될 수 있는 일이었지만 상담사는 회사에 고객이 직접 방문하여 처리하도록 안내했습니다. 고객은 그 일을 해결하기 위해 휴가를 내고 지방에 있는 센터를 방문해서 일을 처리했습니다. 고객은 방문해서 처리하면서 온라인으로 처리할 수 있었음을 알게 되었습니다. 화가 난 고객은 회사 방문을 안내한 직원을 찾아 피해 보상을 요구했습니다. 이는 고객의 시간을 빼앗고 회사의 신뢰도까지 하락하여 충성 고객이 이탈하게 하는 요인이 될 수 있습니다.

고객 응대는 '신뢰'가 답입니다. 복잡할수록 단순한 방법을 찾아서 이해하기 쉽게 그리고 자신 있게 이야기할 수 있어야 합니다.

문제가 생길 수 있습니다. 상황을 설명하고 고객에게 선택권을 줘야 합니다. 상품에 대한 기본 지식도 충분하게 이해하고, 고객의 성향에 맞는 최적화된 상품을 찾아내서 선택할 수 있도록 해야 합니다.

장단점을 자신있게 제시할 때 고객도 좋은 결정을 하게 됩니다. 눈앞의 회사의 이익보다는 멀리 보고 고객에게 더 유

리하고 좋은 조건을 찾아내고, 믿는 만큼 정확하게 이야기해야
합니다.

믿고 신뢰감 있는 말로 전달이 되었을 때 고객의 만족도
는 높아집니다. 불만 고객도 충성 고객이 됩니다. 회사와 상품
을 홍보하고 추천하는 찐팬이 됩니다. 고객은 상담사의 말투나
이미지로 더 잘 파악합니다. 믿음이 있는 말인지 아닌지를 더
잘 압니다. 고객에게 더 확실한 어투로 이야기하고 자신감 있
게 전달해야 고객도 신뢰합니다.

You must decide that you will succeed

# 성공한다고 결단해야 성공한다

여러분은 왜 성공하고 싶은가요? 성공이 무엇이라고 생각하나요?

성공은 삶의 기쁨을 함께 나누고 행복하게 사는 방법입니다. 내가 성장하는 것은 큰 축복입니다. 살아 있다는 것이고, 경험을 통해 타인을 돕고 함께 성장하는 것입니다. 삶의 기쁨을 함께 나누며 영혼이 성장하는 것입니다. 빛나는 인생으로 행복한 창조자가 되어 갑니다.

나와 가족을 지키고 삶의 기쁨을 지속적으로 유지해야 행복합니다. 더 행복한 나눔을 할 수 있고, 보람과 행복을 경험할 수 있습니다.

늘 불안한 환경과 미래에 대해 자신이 부족하다고 생각하기에 불안하고 초조해집니다. 그런 불안감을 가지고 고객과 만났기에 순간순간을 모면하는 데 급급했고, 나에게 곤란함을 느끼게 하는 고객을 응대하는 시간이 빈번해지니 좌심방 불안 증세로 왼쪽 손이 마비되었습니다.

그리고 나의 지위를 지키기 위해 더 연연했고 발을 동동거렸습니다. 그래서 교육과 세미나 과정을 통해 리더십을 배우기 시작했습니다. 외부 강의에서 배운 것을 조직에서 활용해 보았습니다. 나와 직원들이 활기차게 변했고, 직원들도 상담 일은 힘들지만, 동료들과 함께하는 것이 좋아 직장에 나온다고 이야기했습니다.

"나는 내가 정말 좋다. 나는 아무런 이유 없이 정말 좋다."

내가 나를 사랑해야 합니다. 내가 나를 사랑하지 않는데 누가 나를 예쁘게 봐 줄 것인가! 스스로를 사랑하고 가장 행복하게 해 줘야 합니다. 이것이 자기 사랑의 시작이며 성공의 시작이라고 생각합니다.

내가 가지고 있는 것이 최고의 것입니다. 고객에게 필요한 것을 찾아내기 위해 최대의 집중을 통해 나의 경험과 노하우를 찾아냅니다. 문제 발생 시, 고객을 돕고, 스스로 해결할 방법을 리마인딩 해 주고, 고객의 눈높이에 맞는 화법으로 말하여 자신감을 느끼게 돕습니다.

그다음 자기가 하는 일에 최고의 실력을 갖추도록 노력하는 것입니다. 실력을 갖추고 어떻게 하면 좋은 방향으로 해결할 수 있을까에 몰입합니다.

Choose a positive language

# 긍정 언어를
# 선택합니다

고객과 리듬을 타면서 친절하고 밝은 에너지로 고객의 입장에서 경청하고, 문제점이나 니즈를 만족하게 해결합니다. 결단하지 않으면 성장은 없습니다. 고객도 문제점을 해결하고 성장하기에 연결되는 것입니다. 고객의 니즈와 나의 니즈가 같을 때 결단이 쉬워집니다. 니즈가 해결되었을 때 한 걸음 더 나아가며 보람도 느낍니다. '어떻게 하면'이라고 늘 생각할 때 스스로 더 해결할 수 있게 도움을 줍니다.

즉 지금 당면한 문제점을 해결할 수 있게 돕는 것이 고객과 함께 성장하는 방법입니다. 그 점들이 모아질 때 자신감이 회복되고, 만나는 고객 모두에게 앵무새가 아닌 차별화된 니즈를 찾아내서 해결하고 만족감을 줄 수 있습니다. 두렵지 않고 배우려고 하는 또 다른 변화의 결단이 열리게 됩니다.

사는 동안 늘 문제는 직면하게 됩니다.

그러한 문제를 직면할 때마다 늘 문제로 맞이할 것인지 나를 성장시키는 성장의 도구로 맞이할 것인지!

결단이 답입니다. 결단은 책임을 진다는 것입니다. 문제로 인식하는지 성장으로 인식하는지 긍정적인 태도에 선택으로 모든 문제는 성장으로 변하는 선물을 받게 됩니다. 일상의 모든 선택이 나를 위한 것임을 알고 긍정적인 태도와 성장의 발전으로 삼고 문제로 인식하지 마세요. 우리는 성장하기 위해 지구에 온 것입니다.

성공은 문제를 문제로 인식하지 않고 성장을 위한 선물로 받아들이고, 성공 체험을 반복함으로써 더 큰 그릇이 됩니다. 일상의 선택을 긍정적 마인드로 선택하세요. 성공한다고 결단했다면 가벼운 마음으로 즐겁고 결과를 상상하면서 행복하게 시작하세요.

성공하려면 지금 행하는 패턴에서 변화의 결단이 필요합니다. 나는 할 수 있다는 의지가 있고, 불확실한 미래를 환영합니다. 될 때까지 포기하지 않으며 먼저 시작하고 나중에 완벽해지는 기술을 즐깁니다. 성공한다고 결단해야 성공합니다.

# 먼저 시작하고
# 나중에 완벽해진다

글쓰기를 시작한다고 선언했습니다.

무엇을 할 것인가 소리 내어 이야기해야 합니다. 주문을 해야 내가 원하는 음식이 오는 것처럼 무엇을 원하는지 이야기하지 않으면 내가 원하는 것을 이룰 수 없습니다.

내가 할 수 있는 것과 남이 할 수 있는 것을 바로 표현해 봅니다. 원하는 것을 이루기 위해서는 어제와 오늘이 같으면 안 됩니다.

먼저 시작해야 합니다. 완벽해진 다음에 시작해야 한다는 선입견으로 늘 머뭇거렸습니다. 글을 쓰기로 목표를 정했지만, 일상과 늘 같은 날이 반복되어 글 쓰는 시간을 확보하기는 쉽지 않았습니다. 그래서 결단을 했습니다.

"방해받지 않을 나만의 시간을 확보하자."

새벽 3시에 일어나기로 했습니다. 6시 기상도 안 되던 사람이 3시 기상을 목표로 하기까지는 과정이 있었습니다. 5시 기상 프로그램도 참여했습니다. 잘 지키고 있다고 생각했는데, 백신 합병증으로 6개월 이상 새벽 기상을 할 수가 없었습니다. 이런 과정을 거쳐 지금은 새벽 3시 기상이 가능해졌습니다. 나만의 시간을 성취한 경험이 나를 무한한 잠재력과 자신감을 갖게 했습니다.

성장의 성취감을 담기 위해서는 자신이 먼저 큰 그릇이 되어야 합니다. 큰 마음 그릇에 성장의 에너지를 담고 담아, 유한의 장벽을 뚫고 내 안에 잠재된 에너지를 경험하게 됩니다. 놀랍도록 큰 에너지와 자신감을 경험하게 됩니다. 이 에너지를 평생 함께하고 성장하며 필요로 하는 사람들에게 도움을 주고 싶다는 사명도 생겼습니다.

나는 항상 부족하다고 생각했습니다. 때론 부족함이 나를 새로운 배움에 늘 도전하게 했지만, 자신이 부족하다는 이유로 재능을 밖으로 방출하는 데 두려움을 느끼고 안주하고 방치했습니다.

시작은 빠르게 시도했지만 결과를 내지 못했고, 뒤늦게 시작하여 나보다 먼저 성과를 내는 사람들을 보면서 핑계를 대면서 투덜거렸습니다. 나보다 더 재능을 갖고 있으니까! 나는 배워서 익히는 것이 빠르지 않으니까!

피해 갈 핑계를 대며 스스로 위안을 삼았고, 시간이 흘러서는 자신감을 잃고 포기하기를 반복했습니다.

"먼저 시작하고 나중에 완벽해져라!" 이 말을 반복해서 듣고 되새기다 보니 배웠던 것을 나만의 것으로 이해하고 창조해서 차별화를 시킬 수 있는 나만의 콘텐츠를 찾아내게 되었습니다.

용기도 생겼습니다.

"그래, 내 경험을 녹이면 되는 거야!!!"

어렵게 생각하지 말고, 쉽다고 생각하자고 생각을 바꾸니 그 어려운 일이 즐겁게 다가왔습니다.

Start first and then it becomes perfect

# 아무것도 하지 않으면 아무런 결과가 없다, 결단하고 먼저 시작하자

나중에 완벽해지고 보완해 보자. 그리고 보완해서 미흡한 영역을 성장시키자. 시도하지 않으면 아무것도 결과를 가져올 수 없다.

어제보다 나은 나!

성장하는 나 자신을 스스로가 칭찬하자.

혼자 하기 어려운 목표는 누구나 알 수 있도록 공개하고 홍보하자.

먼저 함으로써 자신감을 가지고 포기하지 않게 됩니다.

반복 훈련해서 포기하지 않고 될 때까지 합니다. 시도하지 않고 늘 불안해 했습니다. 오지 않은 일과 현재 직면한 일에 늘 걱정부터 했습니다. 이제는 알게 되었습니다. 그 불안감이 평정심을 잃게 했으며, 좋은 결과를 선물로 받기 전에 나쁜 선택을 하게 했다는 것을 말입니다. 늘 불안한 선택으로 모든 것을 잃게 했습니다.

그 과정의 아픔을 통해 반성을, 겸손을 배웠습니다. 감사하는 마음을 심었고, 명상과 책 읽기를 하면서 성장하며, 먼저 시작하고 나중에 완벽해지는 선물을 갖게 되었습니다.

경험하고 배운 것을 필요로 하는 사람들에게 차별화해줄 수 있게 됩니다. 나의 경험이 그 누군가에게 도움을 주고 희망이 될 수 있습니다. 오늘 결심한 사명의 크기만큼 경험한 것을 담을 수 있습니다. 지속해서 나의 마음 그릇을 크게 키우고 경험한 것을 확장해갑니다.

그 경험을 공유하고 함께 성장합니다.
될 때까지 포기하지 않습니다.

# 될 때까지
# 포기하지 않는다

큰딸을 자랑스러워하는 어머니가 계셨습니다.

삶이 어렵고 힘들었지만, 큰딸이 어려움을 뚫고 직장에서 성장하는 것에서 대리 만족을 했습니다. 초등학교도 못 나온 학력과 배움에 대한 갈망을 대신하여 위로받고 자랑했습니다. 어린 17살에는 목표 없이, 생계를 유지하기 위해서 여상고를 지원했습니다. 좋은 직장에 들어가기 위해서는 자격증을 따야 했습니다.

친구들을 따라 학원에 갔습니다. 학원에서 청소를 해서, 수강료를 벌어야겠다고 결심하고 도전했습니다.

"선생님 저도 청소하게 해 주세요!"

"지금 자리가 없어서 안 되겠는데."

거절을 받고 나니 긍정적인 오기가 생겼습니다. 그리고 기다렸습니다. 기다리던 자리가 생겼습니다.

'와! 신난다. 내가 최고로 청소를 잘해야지'라는 목표도 생겼습니다. 청소를 하고 받은 대가로 수업을 듣고, 대한상공회의소 3급 시험을 도전했습니다. 주산, 부기, 타자 단 한 번에 합격한 것이 아무것도 없었습니다. 원서에 사진이 몇 장 붙여지고 떨어져도 합격할 때까지 도전했습니다. 3급이 합격하고 다시 2급에 도전했고, 역시나 떨어지기를 수차례 반복해서 합격할 때까지 창피를 무릅쓰고 도전했습니다. 고등학교 2학년 때 세 가지 종목에서 2급이 합격했습니다. 그리고 또 도전했습니다. 2급만 따도 되는데 키가 작았기에 남들보다 더 높은 자격증으로 스펙을 쌓아야겠다는 욕심이 생겼습니다. 1급도 수차례 떨어지기를 반복했고, 얼마나 문제지를 풀었는지, 문제를 읽다 보면 바로바로 답이 나올 정도로 숙달되었습니다.

지금도 그 과정을 생각하면 내 생애 가장 공부를 집중했던 시기였고, 목표에 도전해서 될 때까지 한다는 원동력을 만들어 준 계기가 되었습니다. 다른 영역에서는 부족했지만 노력해서 집중했던 성공 체험이 도전을 계속하게 했습니다. 학원 청소를 해서 취득한 3종 자격증이 있었기에 학교 성적에서도 1등을 경험하게 되었습니다. 고3 때에는 반에서 1등으로 친구들이 투표했고, 생애 최초 반장이 되었습니다. 또 목표가 생겼습니다. 반장 중에서도 최고로 잘해야 하겠다고 결심했습니다.

고등학교 졸업 후 88년, 대기업에 입사했습니다. 고졸로는 대졸 출신과 경쟁할 수 없었기에 여직원 중에서 일을 제일 잘해야겠다는 목표로 1시간 일찍 출근했고 열심히 일했습니다.

운전면허 시험에 도전했습니다. 지점장님이 7전 8기라고 했습니다. 고졸 채용으로 5급에서 4급으로 승진했고, 발탁 대리로 승진도 했습니다.

여기서 멈추지 않고 입사한 지 12년 만에 다시 도전했습니다. 만학도로 4년제 대학교에 입학했습니다. 32살에 두 자녀의 엄마로 도전한 대학교 학업은 쉽지는 않았습니다. 17년이나 더 어린 동생들과 경쟁을 해 보니 학교 다니는 것도 너무 버거웠기에 목표를 하향했습니다. 성적보다는 대학교 졸업장으로 목표를 조정하니 학교 가는 것에 대한 압박과 스트레스도 덜 받고 포기하려던 학교도 다시 용기를 냈습니다.

그런데 생각지도 않았던 임신을 했습니다. 직장과 학업 병행과 35살 셋째 아이를 출산한 탓에 양육 문제로 중퇴를 생각했지만, 교수님과 면담을 통해 포기하지 않는 용기를 얻게 되었습니다.

"늦게 시작했기에 여기서 중퇴를 하면 다음에 다시 도전하기가 어려워진다."

이 말씀에 포기하지 않고 병행했습니다. 2005년 2월 빛나는 만학도의 학사 졸업장을 취득했습니다.


2007년 다시 대학원에 도전했습니다. 회사 합병으로 불안한 시기였습니다. 경쟁력을 갖추기 위한 도전이었습니다. 대학원 입학을 했지만 수업 참여와 졸업하기가 너무 어려웠습니다. 공부도 힘든데 아이를 돌봐 줄 사람이 없어 대학원 수업에 데리고 다녔습니다. 어려운 영어 원문과 팀 프로젝트 발표에 뒷목이 당기고 도전할 수 없겠다는 생각이 들어 포기하려고 했습니다. 그런데 정성이 가득하면 하늘을 감동시킨다고 했던가요.

저를 도와주실 선배님을 만나게 되었습니다. 학업을 포기한다고 하니 선배가 미안하다고 그 과정이 어려운데 먼저 도와주었어야 하는데 미안하다고 제 손을 잡아준 고마우신 분이었습니다. 박사 과정을 외아들을 위해 먼저 경험하신다고 50대 시작하신 강진에 있는 여고 선생님이셨습니다.

젖병을 챙겨서 아이와 함께 선생님 댁에 가서 영어와 워드작업 과제 등을 하다 보면 새벽이 되었고, 잠든 아이를 데리고 오기를 2년을 계속했습니다. 2009년 수료로 만족했습니다.

2015년 수료로 끝냈던 대학원 졸업 고사와 영어 시험, 그리고 논문 발표까지 기적 같은 일들이 일어났고, 7년 만에 졸업장을 선물받았습니다. 내 생애 가장 어려운 졸업이었습니다.

그리고 도전은 계속됩니다. 지금은 1인 기업가를 위한 개인 책에 도전하고 있습니다. 책을 쓰는 작가가 되는 것은 생각지도 못했던 일인데 귀인을 만나 개인 책을 쓰게 되었습니다. 시작은 용기지만, 쓰는 것은 저와의 싸움입니다. 수천 년부터 쌓여 온 카르마와 씨름하게 됩니다. 명분을 찾아 숨게 되고, 요령도 피웁니다. 이제는 자기와의 싸움에서 버티는 힘이 생겼습니다. 임계점을 넘기 전까지 지금은 너무 벅차고 힘들지만 자신감도 생기고 끝까지 하려고 노력합니다.

"포기하지 않고 될 때까지 한다!"

내 삶의 좌우명이 되어 '어렵지 않네. 껌이야'라는 자기 암시를 하며 즐기면서 행동하는 힘이 생겼습니다. 인생은 완벽하지 않지만 성장을 위해 포기하지 않고, 될 때까지 하는 사람이 가질 수 있는 행운이자 큰 선물입니다.

Ask for it with confidence

# 당당하게
# 요청하라

갑자기 일이 생겼을 때 어떻게 대처하시나요?

일상생활에서 찾아오는 당황스러운 문제가 많습니다. 혼자서는 해결하기 어렵습니다. 각 영역에 도움을 줄 수 있는 전문가에게 당당하게 요청해야 합니다. 해결이 안 되는 것을 붙잡고 혼자서 끙끙 앓다가는 포기하거나 기회를 잃게 됩니다.

원격상담사로 일할 때 이야기입니다. 목소리로도 지긋한 나이임을 알 수 있는 할아버지께서 전화를 하셨습니다.

"선생님, 제가 나이가 있어 컴퓨터를 잘 못합니다. 도와주세요."

간절함이 느껴지는 할아버지 음성이 들렸습니다. 연결된 컴퓨터에서는 엔터 키를 쳤지만, 다음 반응까지 1분 이상 걸렸고, 컴퓨터 처리 속도로 인해 많은 시간과 인내를 필요했습니다. 고객이 해결해야 하는 것에 대해 방향을 제시 해 드리고, 상담사가 처리할 수 있는 것을 합심해서 세 차례에 걸쳐 함께 노력하니 문제점이 해결되었습니다. 끝까지 포기하지 않고 도움을 요청하는 고객님께 해결할 수 있는 방법을 찾아 드렸습니다. 고객이 포기하지 않고 간절하니, 최상의 해결점을 찾아 컴퓨터를 재구입하지 않고 프린터도 할 수 있게 도와 드렸습니다.

정성을 다하면 하늘도 감동을 한다고 합니다. 끝까지 최선을 다하고, 자신의 능력 밖의 영역에서는 전문가를 찾아 도움을 요청해야 합니다. 기한이 정해진 것은 비용이 지불하더라도 전문가를 찾아서 해결해야 합니다.

당당하게 요청을 하되 예의를 갖춰야 합니다. 예의를 갖추지 않고 하는 행동은 상대방을 배려하지 않는 행동입니다. 간절하고 예의 있게 당당하게 말로 표현해야 합니다. 그 노력으로 상대가 할 수 없는 방법까지도 찾아내는 성과를 낼 수 있습니다. 고객과 상담사가 한마음으로 문제를 해결하게 됩니다.

고객과 서로 호응하는 순간 간절함이 해결점을 찾습니다. 순간순간 진실하게 이야기해 보세요. 마음이 전해집니다. 도움을 줄 수 있는 접점 시점에서 고객을 가족이라고 생각하고 문제점을 도와 드리세요. 부모님이라 생각하면 더 인내하게 되고 끝까지 도움을 줄 수 있도록 해결점을 찾아낼 수 있습니다.

반대로 예의 없이 요청하게 되면 매뉴얼로 정해진 정도의 답변을 받게 됩니다. 기본선에서 문제가 되지 않는 선까지요.

매뉴얼이 있지만 사람의 감성과 암묵지에서 스킬적인 노하우까지 풀어내어 해결 방법을 지원받을 수 있는 것은 사람과 사람 사이의 신뢰와 인정입니다. 당당하게 요청하고 신뢰성을 갖고 요청해야 합니다.

상대를 인정할 때 나에게 오는 회답과 선물은 더 크게 옵니다. 원하는 것을 당당하고 예의있게 요청해 보세요.

# 원하는 것을 얻고
# 계속 조율하라

최고의 순간과 최악의 순간을 시나리오로 미리 상상하라.

어떻게 하면 최고의 순간을 맞이할 것인가? 이 일을 하지 않을 때 예상되는 가장 최악의 상황을 시각화하라.

먼저 원하는 것을 말로 표현하지 않으면 알 수가 없습니다. 무조건 다 표현해서는 조율하기가 어렵습니다. 성장을 위한 결정적인 순간에 원하는 것을 말로 표현하고 조율하라.

내가 원하는 것을 생각으로 담고 있으면 상대는 알 수가 없습니다. 몸, 마음, 행동으로 오감을 열고 표현해야 합니다. 예를 들어 필요한 것을 더 원할 때, "제가 더 필요한데 이것으로 주시면 안 될까요?"라고 표현을 해 봅니다. 머뭇거리던 마음을 말로써 행동함으로 실행의 즐거움을 느끼게 됩니다.

　　전화로 상대와 통화를 할 때, 조율하는 태도는 더 중요합니다. 내가 원하는 정보와 처리 방법을 알고자 할 때도 조율하는 방법을 익히고 표현해 봅니다. 서비스 기관과 전화로 연결이 되면 당황하거나 무슨 말부터 해야 할지 깜깜해질 때가 있습니다.


　　"상대와 연결이 되면 저 좀 도와주시겠어요?"
　　일방적으로 요구하는 방법보다는 상대를 존중하면서 조율을 해 봅시다.
　　"사장님 저 좀 도와주시겠어요?"


　　이렇게 시작해 봅시다. 아마도 사장님은 더 호의적으로 도움을 주려고 귀를 쫑긋할 것입니다. 거의 대부분은 요청 사항을 형식적으로 이야기합니다. 이 멘트는 상대방으로 하여금 조율하려는 마음의 문을 열게 합니다. 상담사, 사장님, 고객도 질문을 받고 문제를 해결하기 위해 그 접점의 순간에 최선을 다하게 됩니다.

수많은 상담사 중에 나와 연결된 분에게 예의를 갖춰 도움을 요청하면 3초 안에 내 편이 됩니다. '어떻게 하면 좀 더 도움을 줄 수 있을까?'라는 질문을 가지고, 오감을 열어서 조율에 응하게 됩니다.

기꺼이 기쁜 마음으로 응대하고 나의 권한 밖의 영역에서도 방법을 찾아서 도움을 주기 위해 나에게 조율하게 됩니다.

사람의 마음을 움직이는 방법은 존중하는 것입니다. 존중을 받았기 때문에 어떻게든 도움을 주기 위해 친절하고 정확하게 방법을 제시해 줍니다. 한 번 시도해 봅시다. 한 번 입 떼기가 어렵지, 해 보면 그리고 어색했던 말도 쓰다 보면 자연스러워지고 익숙해집니다. 그리고 자기가 원하는 방향에 대해 조율함으로써 문제를 신속하게 해결하고, 쌍방향 소통이 활성화되어 만족도는 극대화됩니다.

서로 존중하고 조율하는 방법으로 소통해 봅니다. 소통을 통해 원하는 것을 얻고, 만족도는 향상되어 충성도는 더 높아지게 됩니다.

열린 마음으로 편하게 시도해 봅니다. 말하지 않으면 상대는 알 수 없으니 조율하고 도움을 요청해야 합니다. 최상의 서비스를 제공받을 수 있을 것입니다.

What are you going to leave behind?

# 무엇을
# 남기고 갈 것인가?

한 번뿐인 인생입니다.

나로 인해서 모든 관계가 이뤄집니다. 부모님의 인연으로 소중한 삶을 선물 받았습니다. 어릴 때는 나의 인생이 선물임을 알지 못했고, 왜 이렇게 어렵게 살아야 하는지, 가난을 이유로 부모님과 많은 형제를 원망하며 살았습니다. 유난히 통통한 내 종아리와 일교차가 큰 날 실내로 들어오면 심하게 빨개지는 내 볼도 싫었습니다.

그래서일까, 살면서 나에게는 시련이 많이 왔습니다. 시련이 올 때마다 알아차리지 못했습니다. 시간이 흘러 소중한 것을 다 잃고 보니 알게 되었습니다. 주어진 것에 대한 감사함이 없어서 시련이 많았던 것입니다.

부모님에 대한 소중함도 돌아가신 후에 뼈에 사무치게 그리워집니다. 내 형편이 어려워지니 형제들의 따뜻한 배려로 비를 피할 수 있게 되어 다복한 형제의 소중함도 더 절실하게 알게 되었습니다. 잔병도 있었지만 건강하게 태어난 것에 대한 감사하는 마음도 느낍니다. 조상님이 계셔서 오늘의 내가 있음을 알게 되었습니다. 나무가 거센 바람이 불어도 버틸 수 있는 것은 온건한 나무의 뿌리가 잘 지탱해 주고 있기 때문입니다. 나무 뿌리의 든든함을 조상님과 부모님께서 그 역할을 해 주셨습니다. 묵묵히 비가 오나 눈이 오나 자연은 자기 일을 열심히 하며 성장합니다. 자연을 보면 겸손을 배우게 됩니다.

형제들이 적은 친구를 보면 먹을 것으로 서로 다투지 않아도 되는 것이 부러웠습니다. 친구가 신은 샌들 신발을 갖고 싶었습니다. 신발에는 코스모스라 쓰여 있었습니다. 코스모스 신발을 사 달라고 졸랐습니다. 갖고 싶은 물건을 사 달라고 처음으로 졸랐습니다. 아직도 샌들을 보면 어릴 적 모습으로 돌아가서 '좋은 추억 하나 갖고 있구나'라고 생각하며 이제는 씩 웃을 수 있어 감사합니다.

부모님께 해 드린 선물 중 가장 기억에 남고 좋아하신 특별한 선물을 꼽는다면 아버지는 세고비아 기타입니다. 악보 없이도 기타를 연주하면서 노래를 구성지게 잘 부르셨습니다. 청소년 시절에 지덕노제 밴드 활동을 하셨던 사진 속 모습을 보고 기타를 선물로 드렸습니다. 돌아가시기 전 기타를 치면서 행복해 하시던 아버지를 보니 기쁘고 보람이 느껴졌습니다. 명품 유명 브랜드에서 새롭게 접하는 것은 무조건 어머니께 먼저 선물드렸고, 지금도 가장 잘 했다고 생각이 듭니다.

철없던 시절에는 가난과 형제들이 많아서 먹고살기가 힘든 것을 원망도 했지만, 부모님 돌아가시고 난 후 육 남매가 가장 소중한 유산임에 감사합니다. 어머님의 모습을 보고 이웃에게 베풀고 따뜻하게 정을 나누고 봉사하시는 모습을 배우며 자랐고, 자식을 위해서 어머니의 상황에서 하실 수 있는 세상에서 유일한 자식 사랑과 기도와 정성을 유산으로 주셨음을 알게 되었습니다. 돌아가신 뒤에도 고귀한 모습을 떠올리며 무엇을 남길 것인가를 생각하게 합니다.


부모님께서 초등학교라도 나왔더라면 하고 공부의 한을 갖고 계셨던 삶의 아픔을 부모님과 함께하는 공부라 생각하고,

주인공과 함께 더 정성을 가지고 열심히 공부할 것을 다짐해 봅니다.

그리고 부모님이 계셔서 잘 성장한 나무의 뿌리로 있음을 감사하며, 조상님과 후손들, 인류를 위해 나무의 고목이 뿌리 깊은 나무가 되기를 실천해 봅니다.

만나는 시절 인연들에게는 따뜻한 사람으로 기억되고, 지혜로움을 돕는 행복한 창조자 건강 디자이너로 빛나는 인생을 함께하는 지구별의 아름다운 소풍의 시간을 함께 나누고 싶습니다.

You only live once

# 기억에 남는
# 1인 기업가가 되라

기억에 남는 1인 기업가는 가치와 사명이 있어야 합니다. 상품과 서비스에 어떤 가치를 연결하는가가 중요합니다. 강점과 혜택을 넣어서 고객과 한마음이 되었을 때 지속적인 성장이 가능합니다. 자신의 이익보다는 고객에게 도움이 되는 방향을 제시하고 선택하게 합니다.

자신의 이익을 위해 제안한 것이 오히려 더 고객과 단절될 수 있음을 알아야 합니다. 재무 컨설팅을 받은 적이 있습니다. 넓고 큰 그림을 그리고, 고객이 원하는 콘셉트를 생각하며 고객이 놓치고 있는 부분까지도 세밀하게 제안을 해서 좀 더 합리적이고 유지 가능한 상품을 설계해야 합니다. 눈앞에 보이는 나의 이익보다 고객을 내 가족처럼 생각하고 설계하고 제안해야 합니다.

전체를 보고 촘촘하게도 보고 다양한 상황을 고려해서 판단할 수 있도록 제안해야 합니다. 당장 계약이 이뤄지지 않더라도 시간이 흘러서 더 큰 충성 고객이 될 수 있음을 알게 됩니다. 앞에 보이는 것만 보지 않고 넓고 깊게 멀리 단기적, 중기적, 장기적인 설계를 해야 합니다. 긍정 마인드와 지혜로운 제안은 존경받는 1인 기업가로 고객에게 기억되고 서로 상생하는 관계로 성장하게 합니다.

MEMO

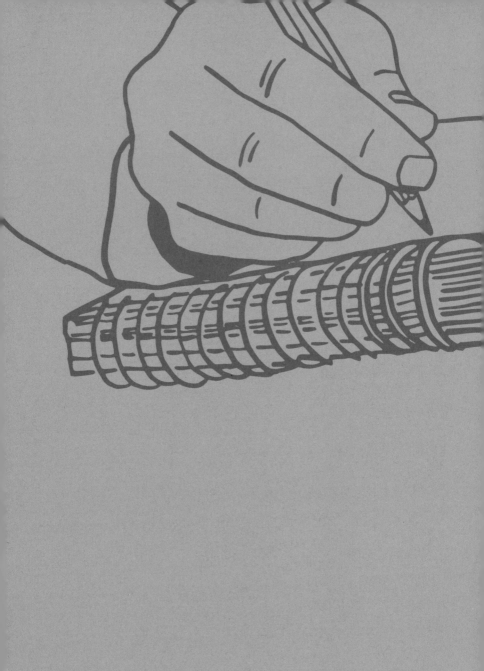

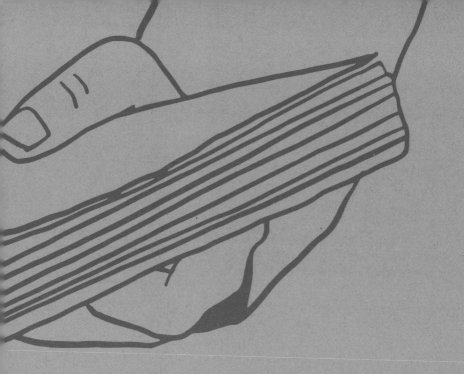

Part 2.

# 무조건
# 해피 엔드로
# 끝내기

# 부정적인 것을
# 아예 잊어라

모든 부정적인 것은 무조건 긍정적으로 끝내야 한다.


주어진 여건을 남과 비교하지 마라.

비교하는 순간 불행이 꿈틀거린다.

삶은 긍정과 부정의 선택이다.

긍정을 선택할 것인가, 부정을 선택할 것인가?

늘 선택의 기로에 서 있다.


휴대폰으로 알람을 끄다가 입술이 깨져도 '그것을 통해 무엇을 배울 수 있을까?' 하고 생각했다.

얼떨결에 평상시에 쓰던 진정 작용이 있는 '킴스패밀리 나인 내추럴' 치약을 동영상에서 본 것처럼 내 입술에 발라 봤다. 아주 깔끔하게 상처가 확장되지 않고 아물었다.

태어나고 싶어 태어난 사람은 없다. 어릴 적에 나는 부모의 가난한 환경을 원망했다. 잘나가다 내가 왜 이렇게 되었을까? 원인은 안주였다. 부정적인 선택을 했기 때문이다.

들어오는 돈이 정기적으로 일정하게 들어와야 된다고 생각했다. 그러다 보니 40대 중반에 이렇게 평온해도 되는가! 무단하게 달려왔던 내 인생을 이렇게라도 보상을 받고 싶었다.

세상에 온 사명은 죽을 때까지 일을 하며 의식주를 해결해야 하는 것인데 퇴직하는 시점이 다인 줄 알고 멈췄다. 그리고 그 순간 편안함이 숨 가쁘게 살아온 삶에 대해 보상이라고 생각했다.

이제와 생각해 보면, 멈추지 않고 끊임없이 성장하도록 노력을 했어야만 했다. 이제는 더 이상 부정적인 것에 주인공을 맡기지 않고, 성장과 긍정에 선물을 할 것이다. 나에게 오는 모든 것은 모두 나를 위한 것이다.

잠이 쏟아지고 있다. 잠시 눈을 감고 명상에 잠겼다. 이것도 있는 그대로의 나 자신을 긍정으로 사랑하는 것이다. 4시에 글을 쓰느라 명상과 함께 적응되지 않는 시차에 적응하는 것도 긍정적인 선택이다. 끊임없이 쉬지 않고 명상을 통해 앞으로 나아가 보자. 이제는 힘들더라도 그 멈춤을 하지 않아야 된다고 결단한다. 잠에 취해 버린 내 상태를 알아차리면서 다시 글을 쓰고 있다.

나는 왜 가난한 집에서 태어났을까? 우리 집은 왜 형제가 많아서 먹을 것도 부족하고 힘들어야 하나? 우리 부모님은 왜 농사를 지을까? 끊임없이 원망만 했다. 오빠는 왜 말썽꾸러기일까? 나는 왜 키가 작을까? 나는 왜 종아리가 두꺼울까? 나는 왜 얼굴에 홍조가 있어 창피할까?

어릴 적에는 늘 부모님의 환경과 나 자신의 신체 조건에 대해 모든 불만을 갖고 있었다. 내가 한 것이 아닌 주어진 여건과 모든 것에 대해 부정적인 생각으로 똘똘 뭉쳐 있었다. 이 책을 쓰면서 알게 되었다. 부정적인 것을 아예 잊는 순간, 행복해진다는 것을! 남과 비교하는 순간 나는 행복해지지 않는다는 것을 알게 되었다. 내 노력 없이 이뤄지는 것은 아무것도 없음을 알아야 한다.

성공하고 싶은가? 가장 먼저 부정적인 것을 모두 잊어라! 그럼에도 불구하고 감사하라! 존재함으로 소중한 나이다. 부정적인 것을 잊는 순간, 나는 행복의 길로 접어든다.

당신도 지금 힘든 일이 있는가? 왜 그 일이 왔는지 원인이 무엇인지를 알아봐야 한다. 문제는 내 안에 있다. 그 문제를 어떻게 받아들이느냐의 긍정적 선택이 중요하다.

고객과의 만남에서도 그렇다. 내가 원하는 고객은 어디에도 없다. 다양한 고객의 니즈가 있을 뿐이다. 다양한 생각에 대해 표현할 줄 알아야 한다. 기준이 있는 것은 과거의 것이다. 한 고객의 사례를 보면 내가 운영하고 있지 않는 타사에서 쓰고 있던 모델로 접속을 원했다. 모르니 상황에서 인터넷을 찾아보고 엉뚱하게 나와 연결이 되었다. 한 단계 한 단계 문제점을 해결하다 보니 해결이 되었다. 그런데 모델이 적용되지 않는 기종을 갖고 있었다. 사용이 안 되는 모델을 전산에서 변경하고 테스트를 해 보니, 허용되는 모델로 새롭게 탄생하는 기쁨을 맛보게 되었다. 모르기 때문에 찾아보고 알아보고 상담하고 원하는 것을 이야기하니 새로운 것이 창조됨을 경험하게 되었다.

문제가 있다면, 답은 반드시 있다. 찾을 때까지 찾아보니, 문제를 해결할 수 있는 나와 연결된 것이다. 다시 말하면, 긍정적인 사고가 문제를 해결한 것이다.

# 남의 말은
# 아예 하지 마라

남의 말은 아예 하지 않는 게 좋습니다. 상대방이 옆에 있을 때 꼭 하고 싶은 말은 피드백합니다. 고객과의 응대에서도 같은 기준으로 적용되어야 합니다.

실제 사례를 들어 보겠습니다. 관계가 좋은 동료에게 다른 동료를 험담했습니다. 듣는 입장에서는 상하 관계로 동감할수 있으나, '혼자 있을 때 내 이야기도 할 수 있겠구나'라는 생각을 하게 된다면 어떨까요? 신뢰 관계가 깨지게 됩니다.

2001년도에 파견 상담사로 근무를 시작했고, 2년 파견 만료가 되어 계약직으로 전환이 되었습니다. 아웃바운드 콜

센터가 신설이 되면서 영업 상담에 적극적이었던 친구에게 성과와 리더십이 있어 정규 직원이 해야 할 팀장 역할인 자리를 적극 추천했습니다. 하지만 회사 사정상 센터가 문을 닫게 되었습니다.

10년 후 추천했던 두 팀장들이 찾아와서 팀장 2년간 인원 관리 면에서 모든 것을 배웠다고 했습니다. 그리고 동료에 대한 험담을 들은 적이 없다는 말에 더 신뢰 관계가 쌓여서 오히려 관계가 더 돈독해지는 계기가 되었습니다.

# 자랑은
# 아예 하지 마라

좋은 일이 생기면 말하고 싶어집니다. 그러나 자랑하고 싶어도 자랑을 하지 마십시오.

우리 속담에 이런 말이 있습니다. '사촌이 논을 사면 배가 아프다.' 남이 잘 되는 것을 기뻐해 주는 대신 질투하고 시기하는 것을 비유한 속담입니다. 좋은 일에 축하를 해 주었지만 질투와 시기하는 마음이 생깁니다.

질투와 시기를 받으면 탓한 에너지를 받기 때문입니다. 당장은 자랑하고 싶지만 좋은 것을 지속적으로 유지하고, 탓한 에너지를 받지 않기 위해서는 자랑하지 마십시오.

2010년도에 46평 아파트를 구입해서 이사하게 되었습니다. 95년도 17평에서 전세로 시작한 신혼집에서 큰 평수로 구입해서 이사하게 되니 자랑하고 싶었습니다. 가족과 지인들을 초대해서 집들이도 했습니다. 그때는 몰랐습니다. 2016년도에 집을 팔고 나오게 되었고, 전세 32평으로 줄여서 이사를 하게 되었습니다.

거기서 끝나는 것이 아니었습니다. 끝없는 추락이 시작되었습니다. 전세금을 빼고 보증금 300만 원에 월세 30만 원으로 이사를 하게 됩니다.

경제적인 것을 다 잃고 나니 깨닫게 되었습니다. 자랑하고 싶은 일은 절대 자랑하지 않고 겸손해야 합니다. 소중한 것은 절대 자랑하지 마십시오. 자랑하지 않아도 자연스럽게 알게 됩니다. 좋은 것은 혼자 오래 간직하고 주변에는 자랑하지 마세요. 삶의 지혜입니다.

# 나쁜 것에 대한 이야기는
# 아예 하지 마라

　새로운 일에 적응하는 과정에 몹시 긴장된 환경이었습니다. 갑자기 환경이 바뀌게 되면 적응하느라 몸과 정신이 힘들어집니다. 일을 배우는 과정에서 선임에게 많은 지적도 받았습니다.

　동기들은 청소 전문가입니다. 30년 동안 사무직에만 있었던 환경이 갑자기 청소하는 일로, 오피스와 하우스 키핑 일을 시작하게 되니 몸이 따라가지 않았습니다. 매일 받는 지적에 주눅이 들었습니다. 수습 기간이 3개월이라고 해서 적응하지 못하면 잘릴 수도 있겠다는 압박감이 더 컸습니다.

　한 달 반 동안을 화장실 청소를 전담하게 되었습니다. 너무 무리가 갔는지 새벽이면 통증으로 깼습니다. 육체적인 일이 진행이 늦어서 더 힘들었던 경험 이었습니다.

환경이 다른 곳에서 적응한다는 것이 이렇게 힘이 들지 몰랐습니다. 마음공부를 해서 안정이 되었던 마음이 흐트러지고, 사람 관계에 대한 의심과 환경에 대해 자괴감이 들었습니다.

한 달 반 동안 묵묵히 참고 소통하지 못했습니다. 반복적인 지적을 받다 보니 화가 났습니다. 동기들도 힘들게 하는 모습을 보면 배려를 해 줘야 하는데 못 미쳤습니다. 소통하지 못하고 혼자서 애썼기에 손도 고장이 났습니다.

새벽 2시 반 3시 통증으로 깨어났습니다. 나만 힘들게 하고 동료들이 배려하지 않는다 생각하니 참을 필요가 없다는 생각이 들었습니다. 최극단의 감정이 쌓여 폭발했습니다. 나쁜 것을 하지 말아야 했는데 그 자리에서 쌓인 감정이 비 오듯이 거칠게 쏟아졌습니다.

소통을 해야 했는데 감정이 쌓였습니다. 아이 메시지 화법을 잘 썼으면 했는데 자신에게 반성을 하게 됩니다. 한 번 떠나가는 고객은 다시 돌아오기에 많은 비용과 투자를 해야 합니다. 잘못을 떠나서 나쁜 것에 대한 이야기는 아예 하지 말아야 합니다.

NO

YES

MAYBE

Don't say anything insincere

# 성의 없는 표현은
# 아예 하지 마라

성의 없는 목소리나 메시지로 형식적인 인사를 하는 경우가 있습니다.

눈앞에 보이는 것이 전부이고 최고인 때가 있습니다.

시절 인연에 따라 오가는 인연들이 달라집니다. 좋고 잘 보이고 싶을 때는 애교를 부리면서 환심을 삽니다. 그러나 위치가 바뀌고 보면 성의가 있는 인사인지 아닌지를 알게 됩니다.

23년 전에 파견직으로 들어온 남자 상담사의 이야기입니다. 그 시절에는 남자 상담사가 콜 센터에서 일하는 것이 전문직 아니고서는 극히 드물었습니다.

직원들의 의사소통으로 썼던 팝업창 프로그램이 있습니다. 200명이 넘는 여직원들과 남자로서 소통할 방법을 찾았습니다. 이름을 앞에 쓰고 성을 뒤에다 붙여서 성이 '양' 씨였습니다. 이 성실한 친구는 고객을 대할 때 항상 부모님처럼 효도한다고 생각하고 임했습니다.

계약직으로 전환되고, 정규직이 되어 40대 후반이 되어 갑니다. 콜 센터는 자기를 새롭게 탄생해 준 곳이기에 함께한 동료에 감사하는 표현을 했습니다. 서울로 이동하여 근무 중일 때도 지방에 내려오면 용돈을 아껴서 직원들 먹을 간식거리와 함께 센터를 찾아왔습니다.

지금도 1년이면 두 번씩 잊지 않고 소식을 전해 옵니다. 그 후배를 보면서 자신을 반성해 보고 비춰 보는 거울이 됩니다.

언텍트 시대로 전환하는 시점에 줌이나 채팅방에서 많은 분들이 소통을 합니다. 잘 배우다가 배움이 다했거나, 다른 방으로 이동을 할 때가 있습니다. 인사를 하고 나가기 하는 분이 있고, 소식도 없이 바로 나가기 하는 경우를 보았습니다. 배움의 인연이 여기까지라면 정중하게 "잘 배웠습니다" 하고 인사를 하고 나가기를 강조합니다.

아름다운 마무리를 했을 때 새로운 좋은 인연들을 만나게 됩니다. 성의 있는 표현으로 "감사합니다", 혼자 있어도 성의 있게 "감사합니다" 하고 표현합니다. "감사합니다" 하고 말을 했을 때 감사할 일이 생깁니다.

온라인에서 만난 최원교 스승님은 "감사하다는 표현은 침묵"이라고 했습니다. 정말 감사할 때는 침묵으로 감사하는 표현을 해 봅니다.

# 말 자르기는
# 아예 하지 마라

대화를 하다 보면 꼭 끼어 드는 사람이 있습니다. 시대가 변화되어 온라인 시대입니다. 줌으로 소통하는 일들이 일상이 되었습니다. 진행자가 있고 함께 공부하는 분들이 있습니다. 진행자가 중요한 이야기를 하려고 할 때 말 자르기를 하면서 말하는 분을 보게 되었습니다. 말 자르기를 하는 당사자는 모릅니다. 제3자나 진행자는 순간 말을 잊게 되고 맥이 끊기게 되는 현상을 객관적으로 보게 됩니다. 그 결과로 진행 화두나 방향이 바뀌게 됩니다.

빈번하게 발생되다 보면 품격이 떨어지게 되고 신뢰를 잃게 됩니다. 나도 모르게 말 자르기가 되지 않았나, 늘 알아차

려야 합니다.

알아차린다는 것은 늘 깨어 있어야 합니다. 말 자르기를 하지 않아야 할 때를 알고, 말하고 싶을 때 무조건 말하는 것을 경계해야 합니다.

사례를 이야기하겠습니다. 고객과 민원으로 설명을 할 때는 특히 말 자르기를 하면 안 됩니다. 고객이 주장하는 말씀이 이치에 맞지 않고, 무슨 말을 하려고 하는지 상담사는 파악을 했습니다. 고객이 이야기하는데 말 자르기가 반복되니 고객이 화가 났습니다. 책임자에게까지 연결되어 사과를 해야 하는 상황이 발생이 되었습니다.

회사를 대신해서 말하는 직원은 고객과의 접점의 마지막 포인트입니다. 책임자는 더 조심하고 예의를 갖춰서 말 자르기를 하지 않아야 합니다. 말 자르기는 회사의 신뢰도와 불만 고객이 더 이상 머무를 수 없게 합니다.

고객과의 접점에서는 고객의 니즈가 무엇인지 잘 파악하여 고객의 눈높이에 맞게 설명하며 호응해야 합니다. 숫자가 들어가는 경우는 반복해서 확인합니다.

말 자르기는 아예 하지 마세요.

Don't express your feelings at all about the other person's anger

# 상대의 화에
# 아예 감정을 표내지 마라

상대의 화에 아예 감정을 표내지 마세요.

상대가 화를 내는 데는 이유가 있습니다. 문제를 해결할 수 있는 신뢰감 있는 목소리로 대응하세요. 문제점을 이야기를 한다면 그 내용을 듣고 소리 내어 따라 이야기한 후 리듬을 타면서 부정적 반응에 짧은 공감을 표시하고 다음말로 이어 갑니다.

"네, 그러셨어요. 고객님의 기분을 잘 알겠습니다."

부정적인 불만을 이야기하는 것도 관심을 갖기 위함입니다. 문제를 해결하고자 감정을 표현하는 것입니다. 경청한 후 문제를 해결해 줄 수 있어야 합니다. 상대가 화난다고 같이 화를 내면 문제 해결보다는 감정에 서로 엇박자가 나게 됩니다. 콜라를 흔들어서 캔을 땄을 때 넘치는 모습을 보셨을 겁니다. 상대의 화에 감정을 표내면 주변이 어지럽혀지고 걷잡을 수 없는 일들이 줄줄이 연결됩니다.

상대가 화가 났을 때는 한 박자 쉬게 해 주세요. 눈앞에 있는 접점 고객이라면 미지근한 물 한 잔을 권해 보세요. 정화가 됩니다. 정화가 될 수 있도록 도움을 줘야 합니다.

상대가 화를 내는 이유가 무엇인지를 먼저 파악하고 감정을 공감해 줘야 합니다. 사례를 들어 보겠습니다.

상대가 화가 나 있습니다. 접점을 하는 직원은 처음입니다. 고객은 그 상담사에 대해서 화내는 것이 아닙니다. 회사의 불만이나 서비스에 대한 불만족을 연결된 직원에게 이야기하는 것입니다. 가끔은 직원 응대에 대한 불만도 있습니다. 어떠한 경우라도 화가 난 고객에게는 감정을 표시하지 말아야 합니다. 불쾌한 감정이 묻어나면 더 큰 불만이 될 수 있습니다.

# 내 생각이 옳다고
# 아예 말하지 마라

　내 생각이 옳다고 강조하는 경우가 있습니다. 하지만 알고 있는 지식이나 내용이 바뀌어서 잘못된 경우도 있습니다. 경청하기를 잘해서 소통을 잘할 수 있도록 해야 합니다. 내 생각을 옳다고 강조하면 어려워집니다.

　내 생각을 말하기 전에 경청하기를 습관화합니다. 고객과 연결되면 강조하고자 하는 말을 파악할 수 있습니다. 고객의 말이 끝나기 전까지 내 생각이 옳다고 아예 말하지 마십시오. 문제 해결 방법은 끝까지 경청한 후 논리에 맞게 설명하고 상대방의 이해를 끌어내는 것입니다.

콜 센터에서 근무한 직원의 사례입니다. 고객이 무슨 말을 하고 싶은지를 파악하지 않고, 내 생각이 옳다고 중간에 강조를 했습니다. 물론 직원의 말이 옳았습니다. 하지만 고객이 이해하기 전에 내 생각이 옳다고 강조하다 보니 일이 더 커지고 말았습니다.

고객은 고객의 입장에서 표현하고 말합니다. 기다렸다가 전체를 이해할 수 있도록 정확하게 전달해야 합니다. 내 생각이 옳다고 강조하기 전에 쌍방향으로 소통해야 합니다. 고객이 경청할 상황이 될 때까지는 반복적인 설명과 함께 기다려 줘야 합니다.

상대방에게 내 생각이 잘 전달되도록 연습하고 경청한 후 고객이 말이 끝났을 때 전달해 봅니다.

# 내가 끌고 가겠다고
# 아예 생각하지 마라

내가 끌고 가겠다고 생각하는 것은 한계가 있습니다. 동료의 팀워크를 활용하면서 함께 멀리 가는 게 지혜입니다. 사람의 마음을 사야 합니다. 도와주고 싶다는 생각이 들도록 인정해 줘야 합니다. 시스템적으로 움직여야 합니다.

조직에서는 조직 관리를 위해 조직도를 운영합니다. 1인 기업은 대표가 다 해야 합니다. 고객이 될 수 있고 도와주는 인맥이 있을 수 있습니다. 그 인맥을 활용해서 맡기고 위임해서 더 돈독하게 구축해야 합니다.

저는 두 가지 경험을 통해서 깨우침을 받았습니다. 사업체를 20년 넘게 혼자서 하고 있는 1인 기업가가 있습니다. 지인은 혼자서 사업자와 집안일을 병행하고 있습니다. 가사를 병행하면서 혼자서 하기에는 벅찬 일입니다. 20년간 옆에서 지켜본 사례로 그 지인은 주변에 인맥을 활용하면서 적절하게 보상을 해 주면서 함께 멀리 가고 있다는 것을 깨달았습니다.

동료, 가족, 주변인들에게 도움을 받고 공유하고 함께하세요. 지인이 주변인을 김치 담그는 것에 잘 활용하고 있는 사례입니다. 김치를 담가야 한다면 준비할 것이 많습니다. 재료준비부터 고추 갈아 오기, 담그기까지! 김치 담그는 것도 큰일인데 사업장을 보면서 한다는 것은 도저히 혼자서는 할 수 없는 상황입니다.

주변 분에게 도와달라고 부탁을 합니다. 담근 김치는 한끼 맛있게 먹을 수 있게 나눔을 합니다. 과거와는 다르게 요즘 어른들이 연로해지면서 김치를 담그지 않고 있습니다. 젊은사람들은 일부를 제외하고는 김치 담그기를 못합니다.

상황이 이렇다 보니 과거에는 김치를 담그면 이웃집과나눠 먹고 하는 것이 일상이었습니다. 지금은 김장 때도 김치나눔이 많이 없다고 합니다. 갈수록 귀해지는 김치를 보니 돕는 사람도 맛있게 한 끼 먹을 수 있는 돕기가 즐거워집니다.

다른 사례는 소규모 인력으로 지방에 인력을 확충해서 사업 규모를 확장해야 하는 사업체가 있습니다. 먼저 채용이 된 직원들과 새로 보강되어 인력의 퇴사가 반복적으로 되는 기피 업종입니다. 그럼에도 하겠다는 직원들을 어떻게 운영하는 지의 핵심은 숙련이 된 직원들을 인정해 주는 것입니다. 인정을 받은 직원은 소속감도 생깁니다.

개인마다 잘하는 영역이 있습니다. 돕고 싶은 마음이 생기게 됩니다. 사람의 마음은 못 가는 곳이 없기에 무한 에너지를 쓰면서 함께하며 돕고 싶게 됩니다.

사례는 필요로 하는 사람을 위해 돕고 함께 나눔하면서 내가 끌고 가겠다는 생각을 하지 않고, 서로 원원하는 모습의 다른 점을 통해 지혜롭게 대처하는 방법을 알게 됩니다. 일상의 김치 담그기 사례를 통해 소중한 전통에 대한 감사함과 나눔, 함께 가는 일상의 지혜를 공감해 봤습니다.

Don't say anything that the customer doesn't like

# 고객이 싫어하는
# 일체의 언행은 아예 하지 마라

　　고객이 싫어하는 일체의 언행은 아예 안 하는 것이 좋습니다. 고객은 싫어하는 것을 느끼면 기분이 언짢아집니다. 그리고 평가를 하게 됩니다.

　　전화는 보이지 않기에 더 조심해야 합니다. 상대의 목소리나 어투로 70%를 판단하게 됩니다. 말을 할 때의 언행과 태도가 중요합니다. 힘없는 말투나 형식적인 인사, 사투리, 말하는 데 끼어드는 것 등도 주의해야 합니다.

　　일상생활이나 비즈니스에서도 같은 맥락입니다. 상대방에 따라 다를 수 있지만 표준적인 것이 있습니다. 전화로는 고객을 맞이하는 인사가 기본입니다. "반갑습니다"로 시작하면 고객의 기분이 더 좋아지는 것을 멘트를 바꿔서 경험해 봤습니다. 고객이 싫어하는 일체의 언행 중 고객이 급하게 이야기하면 응대하는 분도 속도를 맞춰서 빨리 해 줘야 합니다. 보통은 급하지 않지만 유독 급하고 긴급하게 문의하는 사례가 있습니다. 고객은 급한데 평상시처럼 천천히 응대하면 고객은 감정이 상해서 일처리보다는 민원성으로 연결되기 때문입니다.

이 사례를 경험한 뒤로는 말을 빠르게 하거나 급함이 느껴지는 경우 평상시보다 고객의 눈높이에 말의 속도를 빠르게 진행해서 속도를 맞춰 줍니다.

시간제로 청소를 담당하는 점포에 오픈 시간보다 한 시간 빨리 들어온 부모님과 자녀 한 분이 있었습니다. 그분들은 전시된 상품을 보고 싶어 했습니다. 오픈 시간을 정중하게 이야기했으나 한 번 들러 보고 가겠다 합니다. 상황을 파악하고 전시된 상품을 볼 수 있도록 편안하게 안내해 드렸습니다. 자연스럽게 안내해 드리니 가족끼리 다른 행사가 있어 일찍 오셨다고 합니다. 들어오신 고객을 오픈 시간에 다시 오시라고 안내를 할지 판단을 한 후 전시품을 보는 목적이 있어 보도록 오픈해 드렸습니다.

더불어 대략적인 행사나 궁금해 하는 것을 설명해 드렸습니다. 또한 니즈가 무엇인지, 무엇을 보고 싶어 하는지 등을 파악한 후 전문가가 응대할 수 있도록 명함을 건넸습니다. 가족들의 좋은 행동을 칭찬해 주며 응대해 드렸습니다. 학생이 아닌 건강한 아드님과 내점했습니다. 아들의 건강을 위해 함께 오신 것 같아 부모님께 "자녀분이 무척 사랑받고 계시는 것 같습니다" 했더니 "그럼요, 아들을 무척 사랑해 주고 있어요" 하고 흐뭇해 하면서 답변하셨습니다. "주차를 잠시 해도 될까요?" 하며 옆 점포도 가서 보고 비교해 보신다고 하십니다. 이에 가신 고객이 좋은 제품을 알아보실 수 있도록 공간의 배려도 해 드렸습니다.

"네 편안하게 보십시오. 감사합니다."

**MEMO**

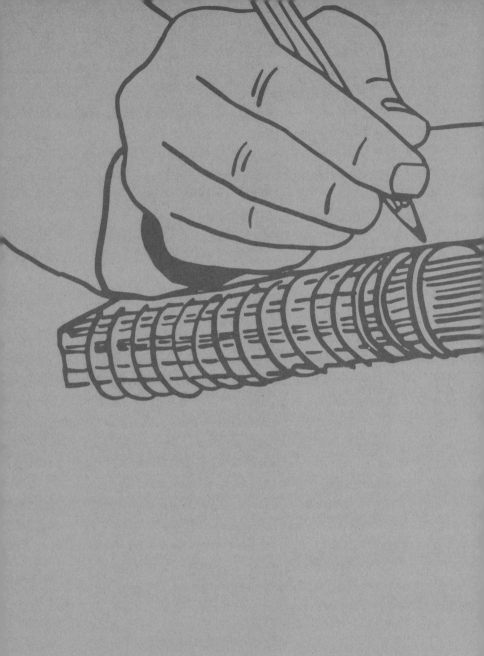

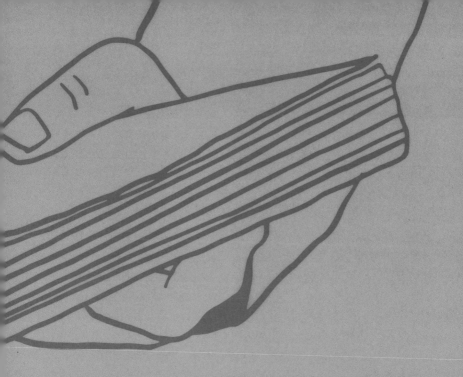

Part 3.

내가 말하면
**모두 고객이 되는**
방법(아웃 콜)

# 제안할 때는
# "우리"라고 말하라

　제안할 때는 "우리"라고 말하세요. 알아보고 분별하고 판단을 하되 상대 환경을 살펴서 이해를 먼저 하세요. 제안 포인트에 공감대가 형성되는 상대의 가치와 나의 가치가 중첩이 되도록 '우리'라고 표현해야 합니다. 상대를 아는 노력을 하고, 환경이나 조건 또는 상대 입장에서 나를 어떻게 이해하는지도 중요합니다. 상대 입장에서는 내 입장을 이해를 못해 부담을 가질 수 있습니다.

　표현하는 방법에도 A로 표현했는데 상대는 B로 인식할 수 있습니다. 제안할 때는 우리라고 말하는 것만으로도 공동의 목표를 달성하는 데 힘을 발휘하게 합니다. 목표 달성이 이뤄

질 때 보람과 기쁨은 함께한 동료로서 가치가 있습니다. 우리라고 말하고 잘 활용하여 좋은 관계를 유지하는 것이 큰 힘이 됩니다.

제안할 때는 상대 입장과 마음을 살펴서 표현해야 합니다. 우리라는 공동체 의식이 공감대와 사업 관계를 더 상생시킬 수 있습니다. 우리라는 표현은 친근감을 형성합니다. '칭찬은 고래도 춤추게 하듯이' 제안할 때 "우리"라고 말해야 하는 이유는 한 팀임을 의미합니다.

협력과 결속감을 높이게 됩니다, 의사소통을 촉진, 개선합니다, 책임감과 공유를 통해 팀워크를 강화하기 위함입니다.

협력과 팀워크 강조를 통해서 더 결속력을 높일 수 있습니다. 제안하는 사람이 혼자서 이뤄 내려는 것이 아니고, 팀이나 조직의 구성원들과 함께 목표를 달성하려고 함을 의미합니다. 제안을 받는 사람에게 더 적극적인 자세로 참여하고 협력할 의향이 높혀 줍니다.

# 작게 부담 없이
# 시작하라

새로운 일을 시작할 때 환경적으로 갖춰 있다면 여유 있는 시작일 겁니다. 하지만 현실적으로 완벽하게 시작할 수 없는 상황이 있습니다. 그러나 물질적이거나 정신적으로 안 되는 경우도 괜찮습니다. 어떤 가치를 두고 시작을 할 것인가가 중요합니다.

새로 시작하는 일이 사람들과 환경에 기여를 하고 꼭 필요한 것이라면 좋습니다. 롭 무어의 말처럼 "먼저 시작하고 나중에 완벽해집니다". 시작하는 일에서 상상할 수 없는 시작을 할 수 있습니다.

제 사례입니다. 『축의 전환』이라는 책을 읽고 삶의 변화에 무엇인가를 하지 않으면 안 된다는 생각이 들었습니다. 온라인 채팅방에 들어가 보니 무료 강의 등 많은 채팅방이 활성화되고 있었습니다. 깜짝 놀랐습니다. 뭔지는 모르지만 채팅방에 있는 강의를 들어가 보았습니다. 부글새벽이라는 방이었습니다.

'부글새벽이 뭐지?'

부자들의 글쓰기 방이라고 했습니다. 월 1만 원이고 최원교 방장님이 전하는 하루하루 메시지가 좋았습니다. 3일은 지각해서 들어갔고, 4일째부터 5시에 정상적으로 들어가기 시작했습니다.

시작은 미비했습니다. 제가 하고 있는 공부가 있었는데 잠시 미루고 온라인 세상을 적응해야겠다는 결단이 온라인 세상으로 입문하게 되었습니다. 온라인 수업에서 신선한 에너지를 받았습니다. 새로 시작하는 프로그램이 있으면 무조건 시작했습니다. '그 수업을 따라 하면 나도 부자가 될 수 있겠다.' 제 자신을 잘 알기 때문입니다. 혼자 하면 쉽게 포기합니다. 그러나 25년 동안의 직장 생활에서도, 희망 퇴직을 할 때도 경험한 것이 있습니다. 시스템 안에 들어가야겠다는 마음은 변하지 않

있습니다.

혼자 하면 멀리 갈 수 없습니다. 시스템 안에 들어가니 새벽 기상이 자동으로 되었습니다. 백개EG 개성상인 정신으로 백 세까지 건강하게 경제적인 자유를 꿈꾸는 프로그램입니다. 나라도 구한 개성상인 정신이 좋았습니다.


맘, 꿈, 비독서 프로그램이 있습니다. 내 맘의 독서, 꿈꾸는 독서, 비즈니스 독서를 했습니다. 51년 동안 독서는 의무였습니다. 이 프로그램을 시스템 안에 시작하면서 독서가 즐거워졌습니다. "삶은 고가 아니다." 나는 힘들어 죽겠는데 왜 아니라고 하는지 궁금했습니다. 최원교 대표님의 설명과 함께 들은 책은 제 인생을 바꿔 놨습니다.

가족 관계로 늘 시달리고 힘들었던 것들이 하나씩 마음 공부 주인공에게 맡기는 방법을 터득하기 시작했고 자유로워졌습니다. 부자 공부 프로그램, 천 일 독서까지 시작하게 되었습니다. 제 인생에서 가장 큰 변화입니다.

진즉 학교 다닐 때부터 독서를 시작했더라면 했습니다. 그러나 지금이 가장 빠를 때다 하고 생각하고 생활처럼 하게 되었습니다. 1만 원에 시작한 프로그램이 제 인생을 변화시켰습니다. 독서 프로그램을 오픈과 함께 온라인 강의를 시작하게 된 계기가 되었습니다. 크고 다른 야망의자 촬영도 하게 되었습니다. 줌으로 강의도 시작했고, 온라인 쇼핑몰에서 쇼핑 호스트도 되었습니다. 가장 중요한 성과는 상상도 못했던 일인 오다겸 작가가 되었고, 네 번째 책을 출간하게 되었다는 것입니다. 100세 까지 책 쓰기 브랜딩으로 지혜로운 명강사가 되어 사람을 살리는 빛나는 인생으로 N잡러의 씨앗을 뿌렸다는 것입니다.

척박한 땅에서 씨를 뿌리면 생존하기가 어렵습니다. 자연에서는 봄, 여름, 가을, 겨울, 4계 중 겨울에 씨앗을 뿌리면 싹이 트지 않습니다. 그러나 온라인에서는 긍정적인 마음과 포기하지 않겠다는, 즉 될 때까지 한다는 마음의 씨앗만 있으면 작게 부담 없이 시작할 수 있습니다. 그리고 온라인 시대에서 1%씩 성장하면서 자신감을 키울 수 있습니다.

누구나 할 수 있습니다. 할 수 있다는 마음만 있으면 됩니다. 사업에 실패하신 분, 홀로서기 하고 싶은 분, 경제적으로 실패하신 분, 직장 생활을 하고 있지만 늘 불안하신 분, 경력 단절로 새롭게 도전하고 싶은 분, 희망 퇴직을 준비하고 싶은 분, 취업을 하고 싶은 분 누구나 괜찮습니다. 온라인 세상에서 2060 비전을 꿈꾸세요. 제 나이는 91세가 됩니다. 38년 뒤의 모습입니다. 20세 대기업에 입사해서 사회생활을 시작할 때 55세, 제 모습을 꿈꾸지 못했습니다. 45세 희망퇴직 후 10년 사이에 투자사기, 새롭게 시작하는 일들을 다 실패하고 빚더미에 올랐습니다. 이자라도 갚고 먹고살기 위해서 다시 시작한 일이 공공기관에 원격상담사입니다. 3년간 적응하고 해냈습니다.

청소 업을 시작으로 다시 터닝 포인트 합니다. 비즈니스 청소와 하우스 키핑 일을 새로 배우면서 청소력을 통해 부자가 되는 경험을 하고 있습니다. 개인의 경험과 가치를 돕고, 일하는 사람들의 직업을 대우받게 하는 일입니다. 사업과 경제를 일으킬 수 있는 청소의 중요성을 강의하게 되었습니다. 사무실 청소와 하우스 키핑 일을 새롭게 배우면서 청소력에 자신감도 생겼습니다.

워킹 맘의 애로 사항입니다. 도움을 필요로 하는 곳에 강의도 하고 현장 코칭 실습도 도울 수 있습니다. 의지만 있으면 누구나 부담 없이 시작하는 부자들의 글쓰기 방에서 글쓰기를 통해 작가가 되었습니다.

명강사도 되고 12N잡러가 되어 지혜를 돕고, 행복한 창조자로 백 세까지 경제적 자유를 꿈꿉니다. 삶의 주인공으로 건강하고 행복한 창조자가 되세요. 축복받은 인생, 빛나는 인생을 열어 가시길 기대합니다.

"먼저 시작하고 나중에 완벽해져라"는 롭 무어의 명언으로 인생의 슬로건이 되었습니다. 완벽보다는 작은 것부터 시작하고, 먼저 시작한 후 지속적으로 개선하는 것이 중요합니다. 오랜 시간을 들여서 완벽해서 시작하기에 중도에 포기하는 경우가 많았습니다. 크다아카데미 공부를 통해서 빠르게 시작하고, 나중에 부족한 부분을 채워 나갑니다. 될 때까지 합니다.

"작은 시작이 큰 변화를 만든다."

— Unknown

# 고객이
# 말하게 하라

고객은 문제를 해결하고자 합니다. 고객이 말하게 분위기를 연결해야 합니다. 고객이 호감을 갖도록 초입부에 고객의 이름을 불러주세요. 단답형 질문으로 고객이 말하게 합니다. 말의 속도도 중요합니다. 상담하시는 분은 천천히 말해 주세요.

고객이 찾고 있는 것이 무엇인지, 고객의 불만이 무엇인지. 고객이 자연스럽게 이야기를 할 수 있도록, 고객이 말할 수 있도록 합니다. 고객이 이야기할 때는 절대 끼어들면 안 됩니다. 끝까지 경청한 후 고객의 말에 다시 한 번 중요한 점을 확인해 줍니다.

고객이 말할 수 있는 주파수를 맞춰 주세요. 부정도 긍정도 그 에너지에 따라 리듬을 타게 됩니다. 민원인 고객으로 연결된 사례입니다. 직원의 업무 처리 누락으로 여러 차례 증폭되어 민원인이 불만의 강도가 높았습니다. 이에 저는 불만 사항을 경청한 후 즉시 해결해 드렸습니다. 그리고 진정성 있는 사과와 감사함을 표현했습니다.

고객은 전화 통화로 조직의 문제점을 전달해 주셨습니다. 잘못된 점을 즉시 인정하고 개선해서 고객의 말씀을 교육자료로 활용하며 실천한 사례가 있습니다. 불만 고객의 말을 경청하고 23년이 지난 지금도 개인적인 유대감과 서로의 성장에 도움이 되는 비즈니스 관계로 연결되고 있습니다. 개인적인 도움이 필요할 때 멘토처럼 도움을 주는 고객이 계십니다. 한번 맺은 인연을 소중하게 여기고, 불만 고객도 해결을 잘해 줌으로써 충성 고객이 되게 합니다.

고객이 말하게 함으로써 고객 중심의 서비스를 제공하려고 노력합니다. 지속 성장이 가능한 제품 개발과 니즈 파악을 통해 고객 만족도를 높이고 긍정적인 소문이 퍼지도록 하는 것이 좋습니다. 고객에게 말하게 기회를 줍니다.

Use the miracle of questioning

# 질문의 기적을
# 활용하라

질문은 사람을 살리고 성장에 가장 좋은 도구입니다.

늘 깨어 있게 하는 원동력입니다. 질문은 자기 자신을 성장시키고 상대방과 마음을 소통합니다. 학습과 성장의 핵심 요소입니다.

긍정적인 태도로 상대방을 존중하고 상황에 맞는 좋은 질문을 해야 합니다. 설득을 할 때도 질문을 활용하는 것이 행동을 하는 원동력이 됩니다.

지적하고 명령하는 화법보다는 질문으로 문제점을 찾아내는 것이 효과적입니다. 반복적인 지적을 받다 보면 잘못된 점보다는 감정적으로 대응하게 되어 해결하기보다는 불만이 더 생기게 됩니다. 적절한 질문을 통해 해결할 문제를 찾아내고 개선할 수 있습니다. 아이디어를 창출하고 동기부여를 합니다.

20년 넘게 하는 습관이 있습니다. 유명한 작가의 강의나 세미나를 들으면 작가에게 사인을 받습니다. 기회가 되면 작가에게 질문을 통해 작가의 생각을 이해하고 용기와 자신감을 얻습니다. 한 사람의 인생을 책을 통해 공감할 수 있으며, 질문을 통해 함께 성장할 수 있습니다. 1인 기업이나 콜 센터의 상담사를 통해 상담을 할 때도 소통의 도구입니다.

고객이 말한 내용을 이해했는지 질문을 통해서 재확인해야 합니다.

"고객님 이러한 내용이 궁금하다는 말씀이시지요?" 확인한 후 답변할 내용을 찾는 것이 소통을 원활하게 하며, 고객 만족을 할 수 있는 풍성한 방법이 됩니다. 상대가 원하는 것이 정확하게 무엇인지를 확인하지 않고 답변하거나 물건을 준비한다면 시간 낭비와 답답함을 느끼게 합니다.

질문한 것에 대해 답을 하면 표현과 태도로 리액션을 해줘야 합니다.

"아, 그렇군요. 답변을 들으니 궁금한 점이 해결되어 도움이 되었습니다."

메라비언의 법칙 이론에 따르면 대화를 통해 상대방에 대한 호감과 비호감을 느끼는 데는 말의 내용이 7% 정도로 미미하다고 합니다. 말할 때 태도나 목소리는 93%를 차지하여, 상대방으로 받는 이미지를 좌우한다는 이론이 있습니다.

좋은 질문의 상대방으로부터 호감을 얻을 수 있습니다. 처음 만나서 어떤 사람인지 파악하기 위한 질문에는 이름을 물어보고 기억하는 것이 좋습니다. 이야기할 때도 이름을 표현해 줍니다.

저는 김춘수 시인의 「꽃」을 자주 응용합니다.

"내가 그의 이름을 불러 주었을 때 꽃이 되었다."

서로에게 의미 있는 질문이 됩니다. 이름을 기억한다는 것이 모든 관계의 시작입니다.

어색한 분위기도 질문으로부터 자유로운 분위기로 전환할 수 있습니다. 좋은 질문은 사람의 마음을 움직이게 하며 관계를 좋게 합니다. 상대의 생각과 나의 생각을 증대시키는 원동력이 됩니다. 보다 나은 성장을 할 수 있는 자신과의 질문법도 좋습니다. 자신과의 대화로 능력 있는 사람으로 성장할 수 있습니다. 내가 원하는 것이 무엇인지, 이 일을 통해 무엇을 하고 싶은 건지, 내가 왜 흥분하는 건지, 자기 자신이 몰랐던 자신을 알 수 있고 걱정도 컨트롤할 수 있는 유용한 자기 자신과의 자문자답 질문도 활용해 봅니다.

책의 글귀 중 가장 큰 성장을 하게 한 질문의 사례입니다. 지금 현재의 모습은 과거의 모습의 결과이다. 5년 전의 모습에서 어떤 선택과 질문에 신중했었더면, 나는 지금 어떤 모습일까? 지금 모습에 만족스러운가? 이 질문을 통해 엄청난 성장통을 치렀습니다. 지금 모습이 5년 후의 결과이다.

지금이 가장 중요한 때입니다. 극복하면 인생의 참맛을 볼 수 있습니다. 어려움이 닥쳐올수록 자기 자신의 가치를 높이는 질문을 해야 합니다. 자신의 가치를 높이고 에버리지 하면 돈은 자동으로 따라옵니다. 자신에게 질문을 수시로 합니다.

'나는 이대로 갈 것인가?'

'이대로 주저앉을 것인가?'

'외로움 싸움에서 잘 이겨 내고 있는가?'

결국은 자기 자신과의 싸움입니다. '껌이다' 마음먹기입니다.

신뢰를 쌓아야 합니다. 어떠한 유혹이 오더라도 질문을 통해 반드시 성장해야 합니다.

### 내 인생을 바꾼 인생 질문

1. 16살 고등학교 1학년 때, "선생님 청소를 제가 하면 안 될까요?"

2. 센터 신설 시 팀장님께, "센터장 제가 하고 싶습니다."

3. 32살 워킹 맘으로 만학도로 대학교를 진학할 때 "선배님, 어떻게 하면 만학도로 입학할 수 있어요?"

4. "교수님 자퇴하고 싶습니다." 만학도 3학년에 셋째 자녀 출산으로 학교 다니기가 힘들 때 교수님께 받은 대답, "만학도로 늦게 시작했기에 여기서 자퇴를 하면 학교 졸업하기가 힘들어집니다."

5. 37살 콜 센터장 세미나를 통해서 석·박사 특별 과정을

알았습니다. "교수님 저도 석사 과정에 들어갈 수 있을까요?"

6. 원교 연혁표를 쓰고 "온라인 세상에서 15분만 시간 내주시겠어요?" 전 재산을 잃고 벼랑 끝에서 나락으로 떨어졌을 때 유튜브와 마음공부를 시작하게 되었습니다.

25년 동안 직장 생활해서 한 번의 누락도 없이 고속 성장한 것이 오히려 독이 되었습니다. 오뚝이처럼 일어나는 근성을 다시 배웁니다. 절대로 포기하지 마세요. 살아 있는 한 당신은 삶의 기적이 됩니다. 하늘이 고통을 감내할 만한 것을 줘서 더 크게 쓰이게 하려고 시련을 줍니다. 산이 높으면 계곡도 깊듯이 행동하지 않으면 봉우리에서 옆 봉우리로 바로 갈 수 없습니다.

다시 내려와서 기초를 닦고 다시 올라가야 높은 정상에 올라갈 수 있습니다. 중도에 포기하면 높은 곳에서 주는 성취감과 자연이 주는 달콤한 맛을 볼 수가 없습니다.

"질문을 하는 것은 지혜의 문을 열어 줍니다."

– 스위스 속담

Be an informant

# 정보를 주는 사람이
# 되어라

나를 성장시킨 것이 무엇이었나 생각해 봅니다. 새로운 정보였습니다. 고등학교 1학년 때 자격증 취득을 증대함으로서 자신감을 얻기 시작했습니다. 학원 청소를 하면서 성과와 인정받는 욕구를 알게 되었습니다. 정보가 나를 성장하게 했습니다.

관심이 있는 분야에 흥미를 느끼고 정보를 모으는 능력을 키웁니다. 진정성 있고, 책임감 있게 정확한 정보를 줘야 합니다. 몸이 자주 아프니 건강에 정보를 주는 사람, 생활의 지혜를 주는 사람, 건강 디자이너가 되었습니다. 사람을 살리는 유익한 정보를 줘야 합니다. AI가 못하는 것, 차별화에 대해서도 정보를 습득해 갑니다. 나를 만나면 즐겁고 행복해야 합니다. 서로가 성장하는데 지속성이 있어야 관계가 잘 유지됩니다. 꾸준한 학습은 지식의 근원을 키웁니다. 강의나 독서로 주기적으로 무언가 새로운 것을 배우고, 자발적으로 지식을 업데이트할 준비가 되어야 합니다. 정보를 주는 사람으로서 경청은 다양한 관점에 대해 배울 수 있는 좋은 기회가 됩니다. 정보를 주는 사람이 되려면 비판적 사고로 단순히 중복된 정보를 멈추지 말아야 합니다. 전달하는 것이 아니라 숙고하고, 비판적으로 검토하며, 늘 새롭게 접근해야 합니다. 좀 더 나은 성장을 위해서 수련된 의사소통 능력을 키워야 합니다. 명료하고 상대가 이해하기 쉽게 전달해야 합니다.

정보를 다른 사람과 소통하고 공유를 통해 긍정적인 영향력을 발휘합니다. 숙련된 의사소통 능력을 향상시켜야 합니다. 정보를 주는 사람은 신뢰받고 존경받는 정보를 제공해야 합니다. 정직하고 투명한 관계를 유지하고 정보를 기반으로 해야 합니다. 지식을 공유할 수 있는 기반이 마련됩니다. 꾸준한 학습과 열정을 가지고 지식과 경험을 공유하며, 다른 사람들의 성장과 발전에 기여하는, 영향력 있는 사람이 됩니다.

　정보를 주는 사람으로 작은 변화에서 큰 영향을 미치는 가치를 향상시킵니다. 나비효과를 얻을 수 있습니다.

"직접 경험에서 얻은 지식은
다른 사람에게 가르칠 수 있는
유용한 보물이다."


– 셰익스피어

# 신뢰를 주는 목소리를 만들어라

고객과의 소통에서는 목소리 이미지에서 신뢰감 있는 목소리로 해야 합니다. 신뢰감 있는 목소리는 고객의 니즈를 해결합니다. 신뢰를 주는 목소리로 말하면 고객에게 믿음을 줘서 소통도 원활하게 됩니다. 반대로 형식적인 목소리, 무성의한 목소리는 고객의 피로도가 높아집니다.

신뢰를 주는 목소리를 만들기 위해서는 다음과 같은 방법들을 고려하고 연습해야 합니다. 정확하고 명료한 발음은 상대방이 이해하기 쉽게 하며, 전달하려는 메시지에 집중할 수 있도록 도와줍니다. 신뢰를 주는 목소리를 얻기 위한 발음은 다음과 같습니다.

말하는 속도가 너무 빠르면 이해하기 어렵습니다. 너무 느리면 지루할 수 있습니다. 일정한 속도로 말하되, 상대방이 따라잡을 수 있게 속도를 조절합니다.

목소리의 톤 조절 높낮이를 다양하게 바꿔가며 말하는 것은 대화에 생동감을 주며, 상대방에게 신뢰감을 줄 수 있습니다. 감정을 담아서 말하면 진실성과 정직함이 전달됩니다. 솔직하고 진솔한 감정 표현은 상대방과의 깊은 공감과 신뢰를 형성하는 데 도움이 됩니다.

미국의 언어학자 조지 레이코프는 "안전한 지역은 울타리로 둘러싸인 지역이다"라는 유명한 울타리 표현을 만들었습니다. 이 울타리 표현은 단순하지만 깊이 있는 의미를 가지고 있고 표현이 부드러우며 신뢰감을 줘서 사람들에게 많이 인용되고 사용합니다.


자신감 있는 태도와 의사결정력은 대화에서 신뢰성을 높입니다. 꾸준한 호흡 및 발성 연습으로 목소리의 안정성을 개선할 수 있습니다. 자신의 목소리를 녹음하여 재생하고 평가해 보세요. 처음에는 목소리가 낯설게 느껴집니다.

신뢰를 주는 목소리는 행복한 창조자이며, 당신과 함께 하는 아름다운 꽃입니다. 크래시아 발음법은 연극배우들이 어려운 단어와 발음하기 위한 입 근육을 움직이는 데 효과적인 연습 방법입니다.

### 훈련 예문을 복식호흡으로 소리 내기

로얄 막파 싸리톨

쥬피탈 캄파 큐을와

셀레우 아파쿠사

푸랜 마네푸 슈멘헤워제

깅강후리와 디다스코

바시레이아 게겐네타이

페레스테란 포로소 폰

파라클레세오스 쏘테라이스

카타루사이 마카리오스

에코루데산 디카이오수넨

플레로사이 아프트톨론

우라이노스 아휘엔타이

"목소리에 담긴 가장 큰 힘은
그것이 진실을 전달할 때 나타난다."

– 로렌 나이트

# 감동을 주는 단어와
# 친해져라

감동을 주는 단어는 상대방에게 긍정적인 감정을 전달합니다. 깊은 공감을 이끌어 냅니다.

일상에서 긍정적인 어휘를 사용하고 공감하는 능력을 키워야 합니다. 말하기 전에 어떤 단어가 상대방에게 좋은 영향을 줄지 생각하고 긍정적인 단어로 말합니다. 진심으로 경청하기를 통해 대화 상대의 이야기에 집중하고 관심 있게 듣습니다. 이로써 상대방의 감정과 입장을 이해할 수 있습니다.

타인의 입장에서 생각해 보며 공감대를 키워야 합니다. 대화하는 상대방이 무슨 말이든 이해하려 노력하세요.

한 가지 감동되는 문구를 카드뉴스로 만들어 봅니다. 일 상생활에서 기록할 만한 좋은 문구나 회화를 발견한다면 메모 하여 나중에 찾아보거나 연습해 보세요. 자신만의 경험과 감동 적인 스토리텔링 방법으로 표현해 보세요. 일상생활 중 아름답 고 따뜻한 순간 및 경험에 주목함으로써 자연스럽게 감동하는 어조로 변환됩니다. 역시 지속된 관심으로 스스로 발전시켜 나 가길 바랍니다.

감동적인 단어와 표현을 신중하게 사용함으로써 대화에 서 따뜻한 분위기를 만들고, 대화 상대에게 긍정적인 영향을 줍니다. 조율, 사랑, 용기, 희생, 전율, 인정, 자비, 성실, 믿음, 후 덕하게, 빛나는, 바람직한, 매력적인, 괜찮아, 훌륭해, 멋지다.

Be familiar with touching words

# 소박하고 친근감 있게
# 다가가라

고객과의 소통에 있어 친근감은 부담감을 줄여 줄 수 있습니다. 70%는 우호적으로 바뀌면서 소통할 수 있는 도구가 됩니다.

소박하고 친근하게 다가가려면 다음과 같은 방법을 시도해 보세요. 상냥한 목소리와 겸손하고 솔직한 태도를 유지합니다. 대화에서 자신의 이야기와 경험을 스토리텔링으로 겸손하게 이야기합니다. 관심과 배려로 상대방이 원하는 것을 듣고 잘 경청해 주세요.

역지사지로 상대방의 입장에서 생각하고 공감합니다. 상대의 감정과 견해를 이해하고, 공감을 표현하고, 이야기에 관심을 갖는 것이 중요합니다. 도움이 필요한 적절한 상황에서 배려있게 도움을 제공하면, 상대방에게 좋은 인상을 남기고 친근감이 높아집니다. 긍정적인 에너지와 미소로 표현합니다. 대화 내용에 따라 쿠션어로 반응하며 친근감을 높여 줍니다. 과장되지 않은 자연스러운 언어와 몸짓을 사용하세요. 과도한 언어와 동작은 친근감을 감소시킬 수 있습니다.

상대방과 대화할 때는 눈을 피하지 않고 적절하게 안정적인 눈빛으로 관심과 존중을 표현해 주세요. 친근감 있는 대화는 상대방의 이름을 사용하여 대화를 나누어 보세요. 대화에서 더 친근한 관계를 만들고 상대방이 더 편안하게 느끼게 합니다. 친근한 말투나 어조는 대화 상대에게 영향을 주기 때문에, 올바른 어조 사용이 중요합니다. 친근한 말투를 연습하려면, 긍정적인 어조와 명쾌한 발음 그리고 호감을 줄 수 있는 용어를 사용하는 것이 좋습니다. 친근한 말투는 표정, 몸짓, 언어 그리고 목소리 등을 조화롭게 사용해 자신의 감정을 상대방에게 어필합니다.

좋은 대화는 상대방과 대화를 적극적으로 나누고, 서로의 생각과 의견을 공유하는 것입니다. 이를 위해 상대방의 이야기에 경청하고, 상대방과 적극적으로 대화를 나눠 보세요.

친근한 말투는 상대방과 친근하게 소통하기 위한 것입니다. 일상에서 자연스럽게 사용할 수 있는 표현들을 익혀서 상대를 존중하며 호감을 줄 수 있는 언어 사용법을 익힌다면, 자연스럽게 다른 사람들과 더 유익하고 좋은 인간관계를 형성할 수 있습니다.

Approach in a simple and friendly way

Speak in a safe and complete story

# 안전하고 완성된 스토리로
# 말하라

완성된 스토리를 말하라, 제 이야기입니다. 이 책을 쓰는 이유이기도 합니다. 성공한다고 결심하고 결단한 것을 이루지 못하고 더 깊은 늪으로 빠졌습니다. 다시 투자한 것이 투자사기로 못 받고 좌초되었습니다.

바닥이라고 생각했는데 더 바닥이 있었습니다. 더 겸손해지고 자존심으로 걸친 허상의 옷을 다시 벗어야만 하도록 시련이 왔습니다.

정신적으로 도움을 주신 어머니가 돌아가셨습니다. 집도 없이 월세로, 아무것도 없이 다 홍수처럼 쓸려 갔습니다. 우울증과 자존심에 동굴로 들어갔습니다.

포용하면서 함께 가는 것이 조율을 통해서 깨달은 점입니다. 다시 나와서 온라인 세상에서 12N잡러가 되었습니다.

실패를 통해서 다시 시작할 용기를 얻었습니다. 다음은 교훈 세 가지입니다.

**1. 더 큰 사명을 갖고 단단해지게 시련을 준다.**
**2. 매일 1%의 성장을 통해 지혜를 돕는 행복한 창조를 한다.**
**3. 될 때까지 한다.**

살아 있는 것이 기적입니다. 서로 사랑하고 나누고 충분히 베풀고 살아야 합니다. 인생을 통으로 폭넓게 살아야 합니다. 관계를 우선으로 개인을 증폭해서 삶을 잘살아야 합니다. 힘든 것 때문에 아무것도 못합니다. 그럼에도 불구하고 해야 성장합니다.

내가 하는 일에 최선을 다합니다. 92세가 된 나를 상상합니다. 그 순간에 어떤 모습일까? 침상에 누워 있는 모습보다는 건강하게 원하는 일을 하면서 살기 위해서 오늘 삶에 감사합니다. 어떤 모습으로 기억되고 싶은가? 지혜를 돕는 행복한 창조자로 기억되기를 노력합니다.

Check with a smile

# 웃는 얼굴로
# 점검하라

웃는 얼굴로 점검한다는 표현은 긍정적인 마음가짐과 쾌활한 태도를 갖고 행동하거나 일에 임하라는 의미입니다. 문제를 발견하고 대처하는 데 더 효과적일 뿐 아니라, 주변 사람들과의 관계 개선에도 도움이 됩니다. 웃는 얼굴로 점검하는 방법입니다. 긍정적인 태도 유지합니다. 일에 임하는 동안 비판적이거나 부정적인 마음 대신, 쾌적한 분위기 창출 웃음과 밝은 에너지를 주변에 전파하여 일하는 환경을 쾌적하게 만듭니다. 이는 모두가 좀 더 효율적으로 협력할 수 있는 기반이 됩니다.

사람들과의 관계에서 존중과 이해를 바탕으로 소통하려

고 노력합니다. 상대방의 의견을 경청하고, 그들의 입장에서 생각하여 서로의 견해를 존중합니다.

문제가 발생했을 때 문제 자체에 집중하기보다 해결책에 집중하세요. 이를 통해 빠르게 해결 방법을 찾고 긍정적으로 대처할 수 있습니다. 스트레스와 부정적 감정을 최대한 줄이고, 에너지를 긍정적인 작업에 집중하기 위해 시간을 가지세요. 나를 만나서 행복한 사람으로 바뀌고 변화에 집중합니다. 매사에 감사합니다. 감사함으로 시작합니다.

웃는 얼굴로 점검하면서 일을 처리하는 실행을 합니다. 개인적인 성장과 안정감 그리고 팀의 성과 향상에 기여할 수 있습니다. 이런 긍정적인 태도와 노력을 꾸준히 실천하면 좀 더 행복하고 성공적인 결과를 얻을 수 있습니다

웃는 얼굴은 복이 들어옵니다. 입꼬리를 올리면 타인에게 갈 복이 주인공에게 들어옵니다. 지금 운이 안 좋다고 생각하십니까? 입꼬리를 올리면 정화된 것을 한 가지라도 얻을 수 있습니다. 우주의 선물을 받을 수 있습니다. 웃는 얼굴로 오늘이라는 선물에 감사하세요.

# 고객을
# 행복하게 하라

고객을 행복하게 하는 것은 매우 중요한 일입니다. 고객의 만족도를 높이면 그들이 재구매를 할 확률이 높아질 뿐 아니라, 긍정적인 피드백과 추천을 통해 비즈니스의 성장을 도모할 수 있습니다. 고객을 행복하게 하기 위한 방법은 다음과 같습니다.

경청을 통해 고객이 무엇을 원하는지, 어떤 문제나 관심사가 있는지 잘 듣고 이해하려 노력해야 합니다. 고객이 이야기하는 동안 귀를 기울이고, 관심을 보여주면서 대화에 집중합니다.

신속한 응답은 고객의 만족도를 높이는 데 필수입니다.

고객의 요청이나 문제를 신속하게 해결하려고 노력하세요. 빠른 대응으로 고객의 만족도를 높이세요.

친절한 서비스는 덤입니다. 고객에게 친절하고 전문적인 서비스를 제공해야 합니다. 고객과 쌍방향으로 소통해야 합니다. 상호작용에서 예의를 갖추고, 친절하게 대하며, 상황에 적합한 도움을 제공합니다.

고객의 개별적인 요구와 상황을 고려하여 맞춤형 솔루션을 제공합니다. 전체 규정대로 똑같이 적용한다면 무리가 있습니다. 예외적인 건은 맞춤형으로 대응해 보세요. 이를 통해 고객이 자신의 필요에 딱 맞는 제품이나 서비스를 받게 됩니다.


다음은 맞춤형으로 제공했던, 90년도부터 상담을 도와드리고 지금은 80세 이상이 되신 고객 사례입니다. 라이온스 클럽 행사 때 외부에서 회원으로 모신 고객분께 VIP 특별 서비스를 제공하고 있을 때였습니다.

IMF 이후 발급 기준이 강화되었습니다. 사회 초년생인 아들에게 주유카드 발급이 거절되었습니다. 주유 서비스를 받기 위해 아들에게 카드 발급을 해 주고 싶은 회원이었습니다. 세부 조건을 충족한 후 자녀분도 카드 발급이 되도록 도움을 드렸습니다. 그 이후로 금융에 관련된 모든 사안을 믿고 의논하셨습니다.

돌아가신 시아버지와 연령이 비슷하신 고객님은 항상 시아버지의 안부부터 물으시는 관계가 되었습니다. 저를 믿고 그룹 상품까지 함께 상담 의뢰하신 고객님 덕분에 서비스하는 가치와 보람을 느끼고 자존감도 극대화되어 갑니다. 고객과의 질문과 소통에서 투명하게 정보를 제공하고, 솔직하게 답변합니다. 이를 통해 고객의 불안을 해소하고, 신뢰를 구축하게 됩니다. 고객에게 가격에 비해 충분한 가치를 제공하는 제품이나 서비스를 해야 합니다. 이를 통해 고객은 가격을 만족스럽게 여기고 재구매의 결정과 주변에 입소문을 내고 잠재 고객을 지속적으로 홍보해 주게 됩니다.

지속적인 개선은 고객과 회사를 성장하게 합니다. 고객의 피드백을 적극적으로 수용합니다.

무더운 여름 아침 오픈 전 시간에 나이 지긋하신 할아버지께서 양복을 입고 시몬스침대 상무직영점에 내점하셨습니다. 더운 날 전철 타고 일찍 오신 고객님께 두 병의 물을 접대해 드렸습니다. 하나는 시원한 물, 하나는 건강에 좋은 미지근한 물이었습니다. 그분은 날이 워낙 더워서 시원한 물을 드셨습니다. 무슨 일로 오셨는지 여쭤 보니 침대가 좋다고 해서 가격이 궁금해서 오셨다고 하셨습니다.

시몬스침대 직영점 상무점에는 흰색 가운을 입고 고객님의 건강을 책임지는 멋진 마스터님들이 일을 하고 있습니다.

친절하고 세련된 안내를 받고 침대에 누워 보시는 체험 서비스를 제공했습니다. 침대에 땀이 밸까 망설이시는 고객님께서 조심스럽게 체험을 하시고 흐뭇해 하시는 모습이 보였습니다. 쌍방향 소통으로 직원도 보람으로 더 행복해집니다. 독립유공자 후손으로서 자긍심이 넘치는 고객님, 건강하시고 늘 행복하시길 마음 냅니다.

이 사례는 고객을 행복하게 해 드림으로써 가치와 보람을 느꼈던 사례였습니다. 독립유공자 자손으로써 애국심과 VIP 대접을 경험하신 고객님은 삶을 더 멋지게 빛나게 해준 체험이 되었다고 말했습니다. 70세의 나이에 독립선언문을 줄줄 외우시는 고객님을 통해서 국가를 위해 희생하신 분들에 대한 감사함을 느꼈습니다.

침대에서 누릴 수 있는 혜택, 6성급 호텔에서 느낄 수 있는 편안한 서비스와 건강과 즉결되는 최고급 침대로 경험과 체험을 나눕니다. 고객님과 접점하는 순간순간 제공하는 놀랄 만한 서비스는 고객에게 아름다운 추억을 선물합니다. 접점의 순간순간 고객의 행복과 연결됩니다.

고객 관점에서 생각하고 어떻게 하면 해결해 드릴지 늘 초점을 고객에게 맞춥니다. 제공했던 서비스와 체험이 그 누군가에게는 두 번 다시 경험할 수 없는 최고의 서비스였다면 그 고객님은 얼마나 행복할까요?

죽음을 앞두고 삶이 주마등처럼 스쳐 지나갈 때 아름다운 추억이 있다는 것은 축복입니다. 접점의 순간에서 제공하는 서비스로 고객의 인생이 달라질 수 있습니다. 고객에게 생애 최고의 서비스를 선물하세요. 그 고객은 놀랄 만한 서비스와 체험 경험을 나눔으로써 잠재 고객이 되고 생애 최고의 순간을 맞이합니다. 아름다운 서비스를 추억하며 행복한 삶, 빛나는 인생으로 아름다운 동행을 함께합니다. 행복한 경험과 추억은 시나브로 품위 있고 존엄하게 생을 마감하는 웰다잉을 선물합니다. 고객을 행복하게 내 가족처럼, 내 부모처럼 섬겨야 합니다. 고객은 효입니다.

고객을 행복하게 하는 것은 비즈니스의 성공에 있어 핵심 요소 중 하나입니다. 고객의 만족도를 높이는 데 도움이 되는 방법을 꾸준히 실행하면, 장기적인 관계를 구축과 비즈니스 성과를 높일 수 있습니다.

Make Your Customers Happy

Try coaching your clients

# 고객에게
# 코칭 방법을 써 보라

고객에게 코칭 방법을 사용하면 고객의 목표를 달성하는 데 도움을 줄 수 있습니다.

친절하고 진정성 있는 대화를 통해 고객과 신뢰 관계를 형성합니다. 마음의 문을 열 수 있도록 안전하고 편안한 장소와 환경을 제공하고 대화를 시작해야 합니다. 고객의 목표와 기대를 파악하고 고객이 원하는 결과를 이해하는 데 도움이 됩니다. 고객이 처한 문제와 현재 상황에 대해 깊이 이해하려 노력합니다. 이를 통해 코칭을 통한 개선 방안을 제시할 수 있습니다.

고객 스스로 문제를 인지하고 해결 방안을 찾기 위해, 질문을 통해 코칭을 시작합니다. 고객에게 적절한 질문으로 생각과 견해를 실행하게 합니다. 고객과 함께 목표를 달성하기 위한 실천 가능한 계획을 수립하고, 단계별로 실행합니다. 목표 달성하도록 책임감과 동기를 부여하고, 고객이 목표에 도달하도록 동기를 부여하고, 주기적인 피드백을 진행하고 평가합니다. 방향성 변경, 계획 수정 등 추가 지속적인 지원을 제공합니다.

고객에게 코칭 방법을 사용하면 고객의 문제점 해결과 목표 달성에 도움을 줄 수 있습니다. 고객과의 관계가 강화로 파트너십이 형성됩니다. 만족도가 높아진 고객은 충성도가 높아지고 자발적인 홍보맨이 됩니다.

코칭을 말하는 습관으로 실행해 봅니다. 기분 좋은 전환을 시작합니다. 지시형 표현 방법에서 코칭형으로 바꿨습니다. 문제를 해결할 때 자주 쓰는 화법입니다. "선생님 도움을 주시겠습니까?"로 전환해서 상대방을 존중하고 배려합니다. 더 많은 정보와 도움을 주기 위해 에너지가 바뀌고 지원을 해 주는 것을 경험했습니다. 어려운 문제가 있을 때 코칭 방법을 써 보세요.

클레임 고객을 잘 해결하고 만난 인연으로 23년째 관계를 지속하면서 멘토 역할을 하는, 진로 코칭으로 청소년의 진로를 안내해 주시는 임영란 대표님이 있습니다. 이분에게 환경에 대해, 바른 도리를 배웠습니다. 어떤 마음으로 받아들이느냐는 태도가 중요합니다. 클레임 고객도 소중하게 귀한 인연으로 함께합니다.

MEMO

# 내가 말하면 모두가 고객이 된다

초판 1쇄 인쇄 | 2023년 08월 30일
초판 1쇄 발행 | 2023년 09월 06일

지은이 | 오다겸

펴낸이 | 최원교
펴낸곳 | 공감

등    록 | 1991년 1월 22일 제21-223호
주    소 | 서울시 송파구 마천로 113
전    화 | (02)448-9661 팩스 | (02)448-9663
홈페이지 | www.kunna.co.kr
E-mail | kunnabooks@naver.com

ISBN 978-89-6065-326-9 (03320)